MINERVA
福祉ライブラリー
77

人間らしく生きる福祉学
はじめて学ぶ人の社会福祉入門

加藤直樹・峰島 厚・山本 隆 編著

ミネルヴァ書房

はしがき

　スウェーデンの教育思想家、社会活動家、エレン・ケイは、19世紀の終わりに、20世紀は子どもの世紀になるであろうと期待をこめて予言しました。たしかに、1924年には「児童の権利に関するジュネーヴ宣言」が、1959年には「児童の権利宣言」が国際的に承認され、そして1989年には「児童の権利に関する条約（子どもの権利条約）」が国連総会で採択されて、わが国も1994年にこれを批准しました。20世紀は、このように個人の基本的人権が尊重されるべきことが世界的に認められた世紀でした。国連の活動だけをとっても、国際婦人年（1975年）、国際児童年（1979年）、国際障害者年（1981年）、国際青少年年（1985年）、国際高齢者年（1999年）等、「社会的弱者」といわれる人々の人権を守る取り組みが進められました。
　しかし他方で、20世紀は二度にわたる世界大戦をはじめとする大量破壊兵器を使った戦争によって多くの人々の生命や財産が失われた世紀でもありました。また、現在でも地球上では多くの子どもが餓死していっている現実があります。20世紀の人間の営みが地球規模の環境問題をはじめ、人類滅亡にもつながりかねない危険をもたらしてもいます。
　そのようななかで始まった21世紀ですが、この世紀はどのような世紀になるのでしょうか？　どのような世紀になっていかなければならないのでしょうか？
　例えば、政府が2002年に発表した障害者基本計画では、「21世紀に我が国が目指すべき社会は、障害の有無にかかわらず、国民誰もが相互に人格と個性を尊重し支え合う共生社会とする必要がある」と述べています。
　「国民誰もが相互に人格と個性を尊重し支え合う」社会とは、国民すべてがより人間らしく生きていくことができるような社会であり、「福祉社会」とも呼ぶことができるのではないでしょうか？　そのような社会をつくっていくためにどのように考え、どのように活動していったらいいのか、本書はそのような問いに対して、答えを出すというよりも討論したり検討したりするための素材を提供しようと考えて編まれました。
　つまり本書は、福祉の「いま」をとらえ21世紀のあり方を模索、検討するため

に、基本的、基礎的なことを紹介するとともに、さまざまな問題についての考え方を提起しようとしたものです。

　本書は三つの部分からなり、第Ⅰ編では「福祉の原理を考える」として、福祉の基本的な視点や課題を取り上げています。第Ⅱ編「福祉問題と支援を考える」では、いくつかの分野や具体的問題を取り上げ、それらに対する福祉的対応のあり方を問題にしています。そして第Ⅲ編では「福祉社会の今後を考える」と題して21世紀においてクローズアップされてくるであろういくつかの問題を取り上げています。

　本書は、これから福祉について学ぼうとする人、関心のある人を主な読者として想定しています。そのために、各章のはじめにはキーワードを示し、また各章のテーマを深め批判的に検討していただくために「読者のための参考図書」をいくつか掲げています。これらをぜひ活用していただきたいと思います。

　　　2005年1月10日

　　　　　　　　　　　　　　　　　　　　　編者　加藤　直樹

目　次

はしがき

第Ⅰ編　福祉の原理を考える

第1章　より人間らしく生きる
　　　　　——人間発達と福祉の課題——

1　少子化とその背景——現代の生活問題を考える……………………………………2
2　高度経済成長と「現代的貧困」………………………………………………………4
3　国民の生活要求の高まりとQOL………………………………………………………6
4　「より人間らしく生きる」ための課題——読者への問題提起………………………8

第2章　社会福祉と権利
　　　　　——権利は私たちの運動で獲得するもの——

1　社会福祉の権利とは何か……………………………………………………………11
2　生存権をめぐる論争——朝日訴訟を通して…………………………………………14
3　社会福祉の権利の中身を考える……………………………………………………17
4　「契約型福祉社会」と権利……………………………………………………………18

第3章　地域福祉とネットワーク
　　　　　——人と人のつながる力——

1　少子高齢社会と地域福祉……………………………………………………………22
2　地域福祉における関係性と当事者性………………………………………………24
3　つながる力——地域福祉の可能性……………………………………………………27
4　地域福祉の位置………………………………………………………………………29

第4章　福祉と健康
　　　　　——福祉サービスと不健康の関係を考える——

1　福祉ニーズの遠因としての不健康…………………………………………………32

2　福祉ニーズを抱えている人と不健康 …………………………………… 34
　　3　社会・経済状態と不健康 ……………………………………………… 37

第5章　家族問題と福祉
　　――福祉の原点を考える――

　　1　社会と家族機能 ………………………………………………………… 44
　　2　家族機能の変化と家族問題 …………………………………………… 47
　　3　家族と社会福祉 ………………………………………………………… 51

第Ⅱ編　福祉問題と支援を考える

第6章　在宅高齢者の生活問題
　　――その現実と、高齢者の孤立・生活問題の潜在化を克服する課題――

　　1　社会問題としての生活問題と社会福祉課題 ………………………… 54
　　2　事例から在宅高齢者の生活問題を考える …………………………… 56
　　3　高齢者の生活問題の原因・背景 ……………………………………… 58
　　4　生活の格差（不平等）と高齢者の孤立・生活問題の潜在化 ……… 61

第7章　少年非行と福祉問題
　　――司法福祉という考え方――

　　1　少年非行とは何か ……………………………………………………… 65
　　2　少年非行の変化 ………………………………………………………… 70
　　3　非行からの立ち直りを支援する ……………………………………… 73

第8章　不登校（登校拒否）問題
　　――どうとらえ、どう取り組むか――

　　1　「不登校」問題の推移と原因論の変遷 ……………………………… 75
　　2　今日の「不登校」問題をどうとらえるのか ………………………… 77
　　3　「不登校」問題の解決と「不登校」の子どもへの対応・援助のあり方 …… 79

目　次

第9章　子ども虐待・援助の現状
　　　　　──児童相談所の実態と課題を中心に──

1　子どもの虐待とは……………………………………………………84
2　児童相談所の虐待相談の実態………………………………………88
3　親への援助……………………………………………………………89

第10章　家庭内暴力
　　　　　──臨床社会学からのアプローチ──

1　家庭内暴力とは………………………………………………………92
2　暴力と虐待のスペクトル……………………………………………95
3　家庭内暴力が生成する関係性………………………………………97
4　家庭内暴力解決の課題と福祉を学ぶこと…………………………98

第11章　障害者の脱施設化
　　　　　──地域での自立生活保障に向けて──

1　雑居部屋、大集団生活、地域資源からの隔離……………………101
2　ノーマライゼーションと地域生活への移行………………………103
3　地域生活支援と自立…………………………………………………105
4　親亡き後ではなく、家族とともに…………………………………107

第12章　精神保健
　　　　　──精神障害の理解と予防活動のあり方──

1　精神保健とは…………………………………………………………109
2　主な精神障害…………………………………………………………110
3　年代・生活場面からみた精神保健…………………………………115

第13章　福祉の情報化
　　　　　──情報とＩＴの活用でよりよい福祉社会をめざす──

1　なぜ今、福祉の情報化なのか………………………………………118
2　福祉情報化とは………………………………………………………120
3　福祉情報化の展開……………………………………………………122

第14章　ソーシャルワーク
　　　　　──社会福祉実践──

1　ソーシャルワークとは……………………………………………………126
2　ソーシャルワークの基盤…………………………………………………129
3　ソーシャルワークの実践…………………………………………………132

第Ⅲ編　福祉社会の今後を考える

第15章　地域社会と住民生活
　　　　　──孤立・分散の競争社会から連帯・協働の福祉社会をめざして──

1　少子高齢社会の進展………………………………………………………138
2　地域社会の構造的変動……………………………………………………139
3　都市型社会と現代の生活困難……………………………………………142
4　地域社会の福祉社会への転換……………………………………………145

第16章　新しい人権としての発達保障
　　　　　──人間の安全保障から発達保障へ──

1　「保護」から「権利」へのパラダイム転換……………………………148
2　第三世代の人権と発達保障………………………………………………152
3　人格発達と発達保障………………………………………………………153

第17章　子育て支援の国際比較
　　　　　──ケアの公共性へ──

1　子育て支援の現在…………………………………………………………157
2　子育て支援の国際比較……………………………………………………159
3　これからの子育て支援……………………………………………………161

第18章　多文化共生社会の実現に向けて
　　　　　──在日外国人問題への接近──

1　多文化共生問題の出現……………………………………………………165
2　問題解決の難しさ…………………………………………………………167
3　多文化共生社会へ向けた戦略──「政治参加の保障」と「日常的な支援」の重要さ……170

第19章　台頭するNPO
　　　　　——新しい社会福祉の担い手として——

1　NPOとは何だろうか………………………………………… 174
2　福祉NPOの登場……………………………………………… 175
3　NPO法と介護保険…………………………………………… 178
4　NPOの今後…………………………………………………… 180

あとがき　182
索　引　184

第Ⅰ編

福祉の原理を考える

第1章
より人間らしく生きる
―――人間発達と福祉の課題―――

> **キーワード** 少子化、現代的貧困、能力主義競争、文化の継承、QOL

1 少子化とその背景―――現代の生活問題を考える

1） 少子化の進行

図1は、第二次世界大戦後の日本の子どもの**出生数**と**合計特殊出生率**を示したものです。この図は私たちにいろいろな興味深い問題を思い起こさせてくれますが、ここで取り上げたいのは現在大きな問題になっている**少子化**の様子です。出生数については、第二次ベビーブームといわれた時期のピークである1973年以降、ずっと減少傾向を示しています。そして、一人の女性が生涯産む子どもの数を推

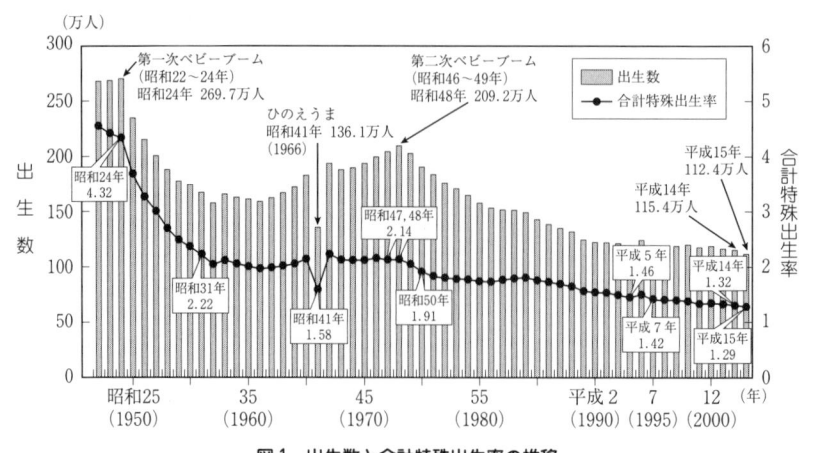

図1 出生数と合計特殊出生率の推移

出所：内閣府（2004）『高齢社会白書（平成16年版）』ぎょうせい，8ページ。

第 1 章　より人間らしく生きる

計した合計特殊出生率は、「丙午*」にあたって激減した1966年を除くと、戦後ほぼ一貫して減少を続けています。2003年度には1.29というかつてない少ない数字になりました。このことと世界一を誇る長寿を続けていることから、わが国の少子高齢化はますます進行すると考えられています。また、人口全体についても、合計特殊出生率が2.08程度ないと現状を維持できず、わが国の人口は徐々に減少していくと予想されています（**人口置換水準***）。

　少子化は先進諸国にみられる共通の現象であり、成熟した社会の姿であるという意見もありますが、子どもはいうまでもなく次の社会の担い手ですから、その減少は社会の存続発展にも影響する大きな問題です。このような少子化はなぜ進行しているのでしょうか。それは、現代社会における国民の生活問題の課題を考えていくうえで示唆するものがあるといえるでしょう。

2）　少子化の背景と課題

　大昔、みんなが働いても十分な食料が得られなかった時代には、ある人数以上の子どもが生まれたらみんなが共倒れになってしまうことから、「間引き」といわれる口べらしが行われていました。川などに流すことが多かったことから水子と呼ばれ、その悲しみをいやすために人々は水子地蔵*を供養してきたのでした。

　現代社会においても、地球上には毎日多くの子どもたちが飢えて死んでいく事実があります。また、わが国においても、経済的理由が少子化の背景になっているとみられる問題がいろいろとあります。教育費などの経済的負担、住宅事情などがたくさんの子どもを養うことの困難な背景としてありますし、家計を豊かに

＊**合計特殊出生率**：出生率計算の際の分母の人口数を、出産可能年齢（15～49歳）の女性に限定し、各年齢ごとの出生率を足し合わせ、一人の女性が生涯、何人の子どもを産むのかを推計したもの。

＊「**丙午**」（ひのえうま、へいご）：干支の一つで60年に一度訪れる。この年に生まれた女性は気が強く、夫を尻に敷き、夫の命を縮めるなどといわれた。いうまでもなく迷信であるが、1966年当時の国民の間にはまだこのような迷信が影響を与えていたことを示している。

＊**人口置換水準**：母親が産んだ女児が母親と同年齢になったとき人口が全く同数であるために必要な合計特殊出生率のレベルであり、現代日本では2.08前後である。この水準を下回ると子世代が親世代よりも小さくなり、その状態が持続すれば人口は減少に向かうことになる。

＊**水子地蔵**：水子地蔵は、今日でも祭っている寺院がたくさんあるが、現代では主として中絶などにより「生まれることができなかった」子どもの供養のためとなっている。

するために共働きをしようとしても、子育てと仕事の両立は容易ではありません。このように、少子化の背景として経済的問題が大きいことは確かです。

しかし、経済的な貧困がますますひどくなってきたから少子化が進んでいるとだけ考えるのには無理がありそうです。むしろ、わが国では戦後、高度経済成長に成功して世界有数の経済大国になったといわれ、その中で国民の経済生活も豊かになってきたと考える方が自然です。にもかかわらず子どもの数が減ってきているのには、もっと別の背景を考える必要もありそうです。

結論を先にいえば、さらに二つの背景を指摘できるように思われます。一つは子どもを産み育てるうえで、昔とは異なる新しい、現代的な困難が生じてきていること、そしてもう一つは、生活に対する意識や要求が変化し、子どもをたくさんつくることを選択せずにより豊かな生活を望む国民が増えてきていることです。

これらが少子化の背景であり、国民の生活問題が質を変えてきていることを示し、ひいては福祉の新しい今日的課題を示していると思われるのです。

2 高度経済成長と「現代的貧困」

1） 共同体の崩壊

先にふれたように1950年代後半から1970年代初めにかけて日本経済は大きく成長し発展しました。しかし、この高度経済成長期は他方で人間の生活、特に子どもが生まれ、育っていくためのさまざまな条件の面で大きな傷跡を残したともいえるのです。

国土が狭く、資源も乏しい日本の国を経済的に立て直すためには、大きな戦略が必要でした。農業国であり、しかも規模の小さい起伏の多い土地での農業では国際的な競争力をもつことはおぼつかないとして、むしろ資源を外国から輸入し、それに手先の器用な日本人の力で加工を加え、製品化したものを輸出することによって経済力を蓄える、つまり高い技術力による工業国にしていこうというシナリオが描かれ、実行に移されました。

ごく大まかにいえば、少ない耕地面積での農業では食べていくことも困難な政策がとられ、地方の若者は農業の未来に希望をもてず、大都市とその周辺につくられた大工業地帯に職を求めて移り住みました。このことは、都市の人口過密と

農村の過疎化をもたらし、地域の中につくられていた共同体を崩壊させました。それらは子どもの発達と子育てにかかわることに限定しても、次のような問題を生みました。

2)「現代的貧困」の諸相

　第1に、技術力で世界に名をはせるためには、それに見合った能力のある人材を育てる必要があります。「人的能力の開発」という名のもとに能力を競わせる教育のシステムをつくりあげ「受験地獄」とまでいわれるような学力競争の激化を生みました。それは、子どもたちの人格形成にさまざまな困難をもたらし、本書の各章においても取り上げられているさまざまな問題を生んだといえます。

　第2に、農業人口が減り、労働者が増え、人口大移動が起こるなかで、子どもや働き盛りの年齢層が減って高齢化が急速に進んだ農村においても、地方から出てきて都会で結ばれて結婚した夫婦の家庭においても、子どもたちが育っていくための土壌ともいうべき条件が貧しくなっていきました。自動車が行き交う中で安心して外で遊ぶ場所がなくなり、ほとんどの子どもが屋内でしか遊ばなくなり、狭い家で危険を避けるためにベビーベッドに入れられて「はいはい」をする場所を奪われ「おすわり」からいきなりつかまり立ちに移行する赤ちゃんの増加などの例のような**「空間の貧困」**がその一つです。また、受験競争のために塾通いなどが増え自由時間が少なくなった子どもたち、また遠い通勤距離と残業のために父親とかかわる機会が少なくなったなどにみられるような**「時間の貧困」**、かつては親同士の信頼関係と比較的安全な遊び場があることによって歴史的に継承されてきた近所の子どもたちの異年齢集団がほとんど姿を消し、きょうだいの減少を含めて子どもの集団活動が量的にも少なくなり、同級生しか友達がいないなどの質的な狭さをもたらしたなど**「仲間の貧困」**が全国的にみられるようになりました。このような**「三間の貧困」**は人間らしく育っていくためのいわば基盤の貧困を意味するものであり、子どもたちの発達を困難にしてきたといってよいでしょう。

　第3に、家庭に定着してきたテレビによって「テレビ漬け」の子どもが発達上の問題をきたし、あるいは欲望を駆り立てるようなコマーシャルが流れ、視聴率競争のなかでどぎつさを増す番組など文化の面でも子どもたちの育ちに悪影響を

及ぼすという問題も生じました。同時に、次の点も重要です。いわゆる伝承遊びは異年齢集団の中で脈々と伝えられてきたものでしたが、その崩壊によって「遊びを知らない子ども」ができ、あるいは世代を経て伝えられてきた「育児」という文化は、核家族化と、近隣関係の希薄さの中で継承されず、「子育てを知らない母親」が大量につくられました。

以上みたような高度経済成長期がもたらしたものは、ある意味で新しい**現代的な貧困問題**であるともいえるのではないでしょうか。

もっとも、高度経済成長期は、子どもの発達や子育てにマイナスだけをもたらしたわけではありません。高度経済成長期は、戦後の法体系の精神であった「家族制度の廃止」を実質的なものとし、総じていえば民主主義が国民の中に浸透する機会となりました。**文化の継承**についても保育所や幼稚園が従来の異年齢集団に代わって遊びを教えてくれ、また行政機関等に常駐する子育ての相談に乗ってくれる専門家がさまざまに登場しました。

しかし、全体としてみたとき、子どもが豊かに育ち、子育てが楽しいやりがいのあるものになっていくためには課題が山積しています。共同体を「**共生社会**」といわれるにふさわしく建設していく課題は、その究極のものとして21世紀に現実化していく必要があるのではないでしょうか。

3 国民の生活要求の高まりとQOL

1） QOLの向上

QOL（Quality of Life）という言葉があります。もともとは1960年代のヨーロッパで物質的なものだけに頼らない生活や心の豊かさをめざすこととして使われたといわれていますが、今では医療や福祉がめざすスローガンとして使われ、「生命の質」「生活・人生の質」などと訳されています。

それは、何とか生きているというだけでなく、より豊かに充実した生活ができること、いいかえるとより人間的な生き方を求めるスローガンであるといってよいでしょう。現代社会における生活問題を考えるとき、このような「質」を問題にすることが重要になってきています。

例えば、「**生活水準**」という言葉がありますが、生活の水準が高いとはどうい

うことでしょうか。これまで生活水準を示す指標として使われた代表的なものが「**エンゲル係数***」でした。この指標は現在も使われていますが、今では生活水準を表す指標はそれだけでは不十分であるとされてきています。

例えば1980年代に問題になった「**豊かさ**」論の火付け役の一人となった暉峻淑子によると、現代の生活水準論は多角的な視点をもつようになっているとして、「包括的な豊かさの測定と言ってもよい生活水準論の中に、私たちが、豊かさについて考えなければならない、多くの示唆が含まれている。物的な、あるいはおかねの分量だけでなく、生活の自立や自由、創造的活動、地域社会での連帯や人権、自然環境も含めて、私たちは、それらを、豊かさの重要な要素として考えなければならなくなった」（暉峻 1989）と述べています。

2）「豊かさ」の実現にむけて

生活問題に関する法的根拠としてよく知られている憲法25条、「すべて国民は、健康で文化的な最低限度の生活を営む権利を有する」の規定は、社会福祉・社会保障を問題にするときにいつも立ち返るべきものとされますが、現代社会においては、とりわけ「文化的」というところに力点を置く必要があるといってよいのかもしれません。

わが国の今日の少子化の原因について、女性の高学歴化と社会進出によって晩婚化が進んできたことも有力な意見としてあげられています。結婚を希望しない女性や子どもは要らないという夫婦なども出てきているといわれます。たしかに現象としてそういいうる面もあります。しかし、例えば内閣府が2004年に行った「社会意識に関する世論調査」によると、「子どもはいらない」とする独身男女は2％にすぎず、理想の子ども数を「2人」と回答した人は47.7％、3人以上と回答した人は21.8％となっています。つまり、3分の2以上が2人またはそれ以上の子どもを希望しているにもかかわらず、子育てコストの増大を含む現実に直面

***エンゲル係数**
　エンゲル係数（％）＝（食料費／消費支出）×100
　ドイツの社会統計学者のエンゲルが1857年に出した論文で、所得水準が高くなればなるほど、この係数は小さくなると発表し、日本では、現在でも総務省が毎月行っている「家計調査」で、エンゲル係数を算出している。

するなかで「少なく産んで豊かに暮らす」ことを実行しつつあるといえるのかもしれません。

現代の国民が望む水準での豊かさを実現すること、それはこれからの福祉の課題であるといってもいいでしょう。さまざまな「社会的弱者」に対する保障、支援が軽視されてはなりませんが、21世紀の社会福祉はいわば国民すべてを対象にする課題を担ってもいるのだといえるでしょう。

4 「より人間らしく生きる」ための課題──読者への問題提起

1）「より人間らしく生きる」とは

以上、少子化を例にとりながら、今日のわが国の生活問題の課題のいくつかを取り上げてきました。以前から社会福祉、社会保障の課題として問題にされてきた経済的貧困の問題は依然として存在すること、しかし同時に「現代的貧困」とでもいうべき新しい課題にも着目する必要があること、国民の生活要求が「生活の質」の向上を求めてきており、そのような意識を押さえる必要があることを述べてきました。

この節で最後に考えたいのは、そもそも「より人間らしく生きる」とはどういうことで、何を大切にしたらいいのかということです。それは、「幸福とは何か」という問いに近いような、とても難解な問いです。しかし、それは「福祉は何をめざすのか」という究極の問題を考えるうえで不可欠な課題でもあります。ここではいくつかの仮説的な問題提起をし、読者の皆さんに批判的に考えてほしいと思います。

例えば、「幸福のために何が必要ですか？」「何があれば幸せですか？」という問いにどう答えるでしょうか。多分、多様な回答が得られるだろうと思います。しかし、一般的に多い答えは「健康」と「経済的安定」ではないでしょうか。それらがあれば幸せだろう、と。

2） 社会福祉は何をめざすか

しかし、QOLをめざすというとき、さらに何かを付け加える必要があるのではないかとも思います。結論からいうと、次の二つです。

① 目標・希望・展望
② 信頼・共感・連帯

　一つめは、その日暮らしでなく「明日がある」ということです。そして二つめは、ひとりぼっちでなく「人とのつながりがある」ということです。これらが「健康」「経済的安定」と少しちがうところは、「未来がある」かどうか、「孤独でない」かどうかは最終的には本人の心の中にあるものであって、客観的にとらえることが難しいところでしょう。「健康」「経済的安定」も満足度が人によって異なることから主観的なものであるともいえますが、ある程度の客観化は可能です。

　ここで掲げた二つは、実は人間と他の動物との違いを考え、人間の特質とは何だろうかと問うてきたなかで抽出されたものであり、「人間らしく生きる」ということを考える際のキーワードになるのではないかと考えたものです。

　もし、このような問題提起が成り立つとしたら、それは社会福祉の実践における目標となるのではないでしょうか。子どもや高齢者、障害者と接するとき、私たちが何をめざしたらいいのか、その答えが抽象的ではありますがここにあるといいたいのです。

　もちろん、これらは、「健康」や「経済的安定」をぬきに考えてよいというつもりはありません。それらは憲法25条が規定している課題に照らしてもっとも根元的なものであるといって差し支えないと思います。しかし、そこで規定している「文化的」な生活とは何かを問うていくとき、つまりただ生きているだけではなく、「生きがい」をもち、より充実した「生」を営んでいく課題を思い起こすとき、このような問題提起をしてみようと考えたのです。

　「現代と福祉」の探求にはまだまだ奥深い検討が必要です。この後の各章にもいろいろな問題提起がなされていますが、21世紀に新しい**「福祉社会」**を実現していくために、これまでの枠を超えて批判的に学んでいってほしいと思います。

〔加藤直樹〕

引用文献
内閣府大臣官房政府広報室（2004）「社会意識に関する世論調査」。〈http://www8.cao.go.jp/survey/indexhtml〉
暉峻淑子（1989）『豊かさとはなにか』岩波新書。

第Ⅰ編　福祉の原理を考える

読者のための参考図書

宮本みち子（2002）『若者が「社会的弱者」に転落する』洋泉社新書。
　この章では紙面の都合で高度経済成長期以降の国民生活や背景にふれられなかったのですが、本書は青年問題を通じて、現代社会を分析しています。特に高度経済成長期までとそれ以降の違いを問題にしています。

加藤直樹（1997）『障害者の自立と発達保障』全国障害者問題研究会出版部。
　障害者の自立問題を取り上げながら、この章の2～4節にかかわる問題提起をしています。

第2章
社会福祉と権利
―― 権利は私たちの運動で獲得するもの ――

> **キーワード** 社会権、生存権、日本国憲法第25条、子どもの権利条約、朝日訴訟、契約型福祉社会

1 社会福祉の権利とは何か

1） 権利とは何か

「権利」とは何でしょうか。まず、この問いから考えてみましょう。権利とは、一定の利益を自分のために主張し、またこれを受けることができる法律上の力をいいます。つまり、権利があるということは、「○○○をしたい」という人の意思が法によって保護されることを意味します。ただし内容によっては、「公共の福祉」という名のもとに、制限を受けることがあります。

権利の種類は、その分類の仕方でさまざまなものがあります。例えば、憲法が保障している基本的人権の中身として、参政権、請願権、受益権、社会権、自由権、生存権、幸福追求権があります。また、人格権、身分権、財産権のような分類の仕方もあります。

次に、「**社会権**」という権利について考えてみましょう。

18世紀から19世紀において市民革命を経た近代社会は、自由な経済活動を営んでいました。しかしながら、それは貧困や失業など、労働者の生活の悪化をもたらすさまざまな問題と直面してきました。そこで基本的人権として、すべての人に人間らしい生活を求める権利を保障する考えが生まれたのです。このような権利は、第一次世界大戦終了後、1919年に制定されたワイマール憲法において初めて明記されています。日本国憲法もこのような考えを取り入れており、生存権、

教育を受ける権利、労働基本権を定めています。一般に、これらの権利を「**社会権**」といいます。

生存権をはじめ社会福祉に関する権利は、1948年の「世界人権宣言」、1966年の「国際人権規約」を通じて、国際的に保障される段階に達しています。

2） 社会福祉と生存権

社会福祉の権利や人権について考えるとき、社会福祉に深くかかわるものとして、「**生存権**」があげられます。

そこで、生存権に関する最も基本的な問いかけが社会に向けられることになります。それは、はたして生存権は人間に生まれながらにして与えられているのだろうかという本質的な問いです。

生存権は、宗教的な権利から自由権的な生存権、社会権的な生存権という流れの中で変遷をたどってきました。生存権について考えるとき、それは歴史をこえて、神学的、哲学的、法学的、社会学的、そして経済学的な立場から、さまざまな理念が示されてきました。実は、生存する権利が積極的に論じられ始めるのは、近代社会になってからです。近代社会においては、いいかえれば市民社会においては、市民法の名のもとで生存権は保障されているのです[1]。

生存権の考えは、わが国にも明治期から伝わっていましたが、戦後になって初めて**日本国憲法25条**として条文化されました。憲法25条の示す「生存権」は、理念の段階から現実社会の段階へと具体化されたものです。それは社会福祉の権利を明記しており、実体的な福祉制度をつくり出す論拠となりえます。また25条を受けて、生活保護法、国民年金法、児童福祉法、健康保険法などの社会保障関連の法律が制定されているのです。憲法が示す国家責任および公的責任というのは、社会契約の果たすべき義務と考えることができます。

日本国憲法第25条

① すべて国民は、健康で文化的な最低限度の生活を営む権利を有する。
② 国は、すべての生活部面について、社会福祉、社会保障及び公衆衛生の向上及び増進に努めなければならない。

3） 福祉権の具体的な中身

　次に、社会福祉の権利について、具体的な中身を考えてみましょう。

　その具体的な中身は、絶対的に定まったものはありません。むしろ時代や地域、社会によって異なるものとして理解する必要があるでしょう。

　では、社会福祉の権利を規定するさまざまな要因をあげるとすれば、どのようなものが考えられるでしょうか。基本的にいって、社会福祉の権利はその国の経済状況や生活水準と関係してきます。そして民主主義の発展、社会運動、国民のもつ人間観にまつわる文化性などによって決定されるのです。

　そこで、社会福祉の権利を具体的にとらえる意味で、私たちの日常生活のさまざまな側面から、この問題を考えてみることにしましょう。私たちの生活を見回すと、最新型の携帯電話やパソコン、ニューモデルの自動車、流行の衣服などをはじめとして、多くの物品があふれています。ブランド商品に群がる若者にみられるように、現代の社会はいわば富裕化の現象を示しています。一見して、何不足ない満ちたりた生活を送っている私たちには、「貧困」という状態は過去のものとなっているかもしれません。

　しかし、そうではありません。会社倒産やリストラによって生まれる失業や生活苦は世界の人たちを驚かせるぐらいの規模で起こってきました。生活不安を引き起こす要因としては、失業、就職難、カード破産、過重な住宅ローンや割高な家賃、学歴社会における教育費や、病気・けがの治療費による家計圧迫などがあります。このような事象は、「**社会問題**」として理解することができます。

　このように現代の生活構造には、個人責任で済ますことができない事柄が多くあります。そのため、私たちの生活を脅かすさまざまな現象に対して、国は人権の主体である国民に生存権保障を定めているのです。そして社会福祉関係法に基づく社会福祉サービスは、主に国や地方自治体の社会福祉行政によって行われています。それは法で認められた権利であり、国民にとって社会福祉サービスを受ける権利は、行政による慈善や恩恵的な施しであってはなりません。

　しかしながら、国民が一人のクライエント（対象者）となった場合、その人の権利がすべて実現されるとは限らないのです。ときとして援助を期待していたはずの福祉サービスを拒否されたり、サービスの制限を強いられるかもしれません。あるいは従属的な立場に置かれることもあるかもしれません。そのような場合、

クライエントは、福祉サービスを受ける権利と、その従属的な立場を克服できるような権利保護を必要とします。

ここで、**子どもの権利条約**を例にして、考えてみましょう。

国際連合の総会で1959年に採択された「子どもの権利宣言」を受けて、それをさらに具体化し、加盟国に法的な拘束力を及ぼすために、1989年に「子どもの権利条約」（児童の権利に関する条約）が採択されました。それは翌1990年に発効となっています。

その内容をみますと、締約国が、子どもの生存および発達を可能なかぎり最大限に確保することをうたっています（6条②）。また、子どもが自由に自己の見解を表明する権利を保障すること（12条①）も明記しています。

「子どもの権利条約」においては、世界各地の多くの子どもたちが、飢餓と貧困に苦しみ、搾取や虐待を受けている事態に対して、子どもを権利の主体としてとらえ、子どもに生存権、社会保障への権利、搾取・虐待からの保護、意見表明権などを保障しているのです。なお、日本は1994年にこの条約を批准しています。

子どもの権利条約（抄）

第1条　この条約の適用上、子どもとは、18歳未満のすべての者をいう。〔後略〕
第6条②　締約国は、子どもの生存および発達を可能なかぎり最大限に確保する。
第12条①　締約国は、自己の見解をまとめる力のある子どもに対して、その子どもに影響を与えるすべての事柄について自由に自己の見解を表明する権利を保障する。その際、子どもの見解が、その年齢および成熟に従い、正当に重視される。

〔国際教育法研究会訳〕

2　生存権をめぐる論争——朝日訴訟を通して

1）　生存権とは何か

ここでは、生存権をめぐる論争に触れてみたいと思います。

実は、憲法の条文と現実の福祉制度には隔たりがあるという問題があります。特に社会保障の給付水準などをめぐって、これまで論議を呼ぶ出来事がありました。例えば、憲法25条の保障する生存権との関連で生活保護の違憲性が争われた「**朝日訴訟**」（1950年代から60年代での出来事）がありました。また、障害福祉年金

と児童扶養手当との併給禁止の違憲性が争われた「**堀木訴訟**」の判決（1982年）もありました。

　これらの訴訟において最高裁判所は、25条が、国家に対して生存権の保障を政治的、道徳的に義務づけたにとどまり、国の努力義務目標・指針を定めたものにすぎず、国民に生活保障請求権を与えたものではないという見解をとってきました。

　では、25条のいう「健康で文化的な最低限度の生活」とは、具体的にどのような内容を指すのでしょうか。「人間裁判」と呼ばれた「朝日訴訟」を例にして考えてみましょう。

2）　朝日訴訟からみた生存権

　結核患者であった朝日茂氏は、入院していた国立結核療養所における生活保護支給金が、「健康で文化的な最低限度の生活」をおくるうえでの費用を満たさないとして不服申立てを行いました。そして、1957年8月から67年5月の10年間にわたって違憲訴訟をおこしたのです。この訴訟は朝日氏の死亡後、養子夫妻が最高裁まで争いましたが、国の勝訴に終わりました。

　訴訟の経緯は以下のとおりです。朝日氏は結核のために入院療養中に生活保護の医療扶助（現物）および生活扶助としての日用品費600円を受けていました。ところが兄から毎月1,500円の仕送りを受けるようになりました。この仕送りを考慮して、福祉事務所は生活扶助を打ち切り、1,500円の仕送りのうち600円を日用品費として差し引いた残金（900円）を医療費の一部として負担するように保護変更の処分を行ったのです。

　朝日氏はこの処分に対する不服申立てを行いましたが、それは却下されました。このことを受けて、1957年8月に訴訟をおこしたのです。その主張は、日用品費600円という厚生大臣の保護基準は憲法25条に定める健康で文化的な最低限度の生活を維持するのに足りないというものでした。

　第一審（東京地裁）は、原告（朝日氏）の主張を認めました。しかし第二審（東京高裁）は一審判決を破棄し、原告の請求を棄却しました。そこで原告は、この控訴審（第二審）判決の破棄を求めて最高裁に上告したのでした。しかし原告の朝日茂氏自身が1964年に死亡したため、彼の養子が訴訟を継承しましたが、

1967年に最高裁は生活保護を受ける権利は一身専属のもの（その人自身だけのもの）であるとして、訴訟の終了を宣告しました。

その際、最高裁は、憲法25条は個々の国民に最低生活の細かな内容をもつ、ある具体的な権利を与えたものでないこと、また健康で文化的な最低限度の生活の具体的な内容は厚生大臣の裁量（「裁量」というのは個人の意見で判断し、自由に物事を処理すること）にゆだねられており、その判断は違法だとして訴えることはできないという判決をくだしたのでした。

3） 朝日訴訟の意義

朝日訴訟は、憲法25条の生存権の規定がきれいごとを述べた抽象的な理念にすぎないのか、あるいはその内容はどのように具体化していかなければならないのかを示した重要なものでした。それは、主に憲法25条の憲法判断をめぐっての法律的な議論を呼び起こし、生活保護の水準を引き上げたなどの社会的影響という面で評価を受けています。

特に貧困・生活保護の悲惨な実態を広く社会に知らせることになり、国民に社会問題として理解する契機を与えたこと、結果的に保護基準の改定が行われたこと、そして権利としての社会福祉という考え方が浸透したことを確認しておく必要があります。訴訟などの行為が、国家に対する生存権の保障と公的責任を求めるソーシャル・アクション（社会福祉向上運動）につながったことは強調されてよいことです[2]。

ただし、先にも述べたように、朝日訴訟が法律にかかわって大きな問題となっているのは、社会保障・社会福祉について憲法25条が事実上「プログラム規定」、つまり努力目標にすぎないことを示したことです。判決に従えば、「裁量権の逸脱や濫用がない限り」行政に対する司法のチェックは行わないことになります。どのような基準で裁量の逸脱や濫用とするのかは示されていないために、事実上無制限の行政の裁量を認めたことになりました。憲法25条に関するこの判断は原則的に受け継がれており、今日に至っています。

3 社会福祉の権利の中身を考える

1） 社会福祉の権利を構成するもの

さらに、社会福祉の権利の中身について学習してみましょう。社会福祉（この場合、社会福祉サービス）に関する権利には、おおよそ以下のようなものがあります。

① 知る権利
② 申請・意見表明の権利
③ 選択する権利
④ サービス受給権
⑤ 強制入院・退所されない権利
⑥ 虐待・拘束されない権利
⑦ プライバシーを守られる権利
⑧ 個人として人格を尊重される権利
⑨ 施設の運営管理へ参加する権利
⑩ 自分の財産を管理する権利
⑪ 審査請求権
⑫ 争訟権

現実にあるさまざまな矛盾や問題をイメージしたうえで、次に、社会福祉の権利に関する理論的な研究を紹介しておきます。

それは小川政亮と河野正輝による研究に代表されます。

2） 小川政亮の権利論

まず小川（1992：175）は、社会福祉の権利を社会事業給付に対する権利ととらえて、次の三つに分類しています。

① 「実体的給付の請求権」──一定の条件を満たした場合において、一定の社会保障給付を得る権利をいいます。
② 「手続的権利」──実体的権利を実現するために、給付の手続を人間的に公平・公正に人間の尊厳を尊重するように行うように請求する権利をいいま

す。
③ 「自己貫徹の権利」――実体的権利、手続的権利が不当に侵害されたときその救済を求める権利をいいます。

小川は、社会福祉の権利をこれらの三権に分けたうえで、さらに「自己貫徹の権利」の中に、権利の侵害に対する「争訟権」(裁判で争う権利) と「管理運営参加の権利」(社会福祉の給付を民主的に運営するための保護基準、施設最低基準、保護の実施要領の制定、福祉事務所や各種社会事業施設の管理運営、争訟裁決過程などに対する権利) を位置づけています。

3) 河野正輝の権利論

一方、河野 (1991：111) は社会福祉の権利を次の四つに分類して、「福祉四権」を示しています。
① 「福祉サービス請求権」――福祉サービスを請求できる権利をいいます。
② 「処遇過程の権利」――サービスを実施する過程で、クライエントのニードを満たし、かつ人間的に尊厳を失わないようにするための権利をいいます。
③ 「費用徴収に対する免除権」――費用徴収のためにサービスが受けられないことがないように、費用徴収が免除される権利をいいます。
④ 「権利侵害に対する救済争訟の権利」

また河野は、「処遇過程の権利」については、憲法25条 (「生存権保障」) に加えて憲法13条 (「個人の尊厳」および「生命、自由及び幸福追求の権利」) に憲法上の根拠があるとしています。また、「費用徴収の免除権」については、憲法84条 (「租税法定主義」) に、「争訟権」については、憲法32条 (「裁判を受ける権利」) に、それぞれの憲法上の根拠を置き、社会福祉の権利は各社会福祉の法律の定めを通して、憲法上保障されるべきであると説明しています。

4 「契約型福祉社会」と権利

1) 社会福祉基礎構造改革と福祉の権利

社会福祉の歴史を振り返りますと、近代における社会福祉は、権利としての普遍的な制度ではなく、国家の恩恵による慈善的な制度でした。しかし、現代にお

ける社会福祉は、基本的人権の尊重とともに、ノーマライゼーションの思想、自立、参加と連帯という概念のもとでとらえられています。これらの要素が、平等な権利としての生活支援システムを支えることになります。

1990年代において社会福祉の制度は大きく変更されました。それは社会福祉の基礎構造改革と呼ばれています。改革された新たな社会福祉は、一見、**日本国憲法13条**に掲げられている、個人の尊重を追求した成果として理解できるかもしれません。

日本国憲法第13条

すべて国民は、個人として尊重される。生命、自由及び幸福追求に対する国民の権利については、公共の福祉に反しない限り、立法その他の国政の上で、最大の尊重を必要とする。

しかしながら、そこには大きな問題もあるのです。それは契約利用制度を前面に打ち出しており、「**契約**」という概念に矛盾が見え隠れしているのです。なぜなら、契約本来の概念、すなわち契約制度そのものの意味が的確にとらえられないままで、それが福祉の実践現場で用いられているからです。

契約とは、広辞苑によれば、対立する複数の意思表示の合致によって成立する法律行為を意味します。そして、権利義務関係を成り立たせるうえでは、個人それぞれの意思が重要な要素となります。

私たちにとっては、契約自由の原則により意思の合致があるかぎり、契約当事者の自由な意思によって、自由な契約を結ぶことができるとされています。同時に、個人の契約関係に国家が干渉してはならないともいわれています。しかし社会福祉の分野においては、契約というものが必ずしも正しい判断に基づいて行われるとは限らないのです。

ではなぜ、社会福祉では当事者の意思による「契約」システムがなじまないのでしょうか。その理由として、三つの問題点があります。

第1に、社会福祉における利用者のとらえ方に問題があります。契約という概念においては、利用者は単に「消費者」として扱われており、この点において社会福祉サービスは経済的な競争の原理と結びつくことになります。

第2に、契約の当事者の「意思」に関する問題があります。社会福祉において、

利用者が自分の意思をはっきりとした形で相手方に示すことは容易でありません。特に、精神障害者や痴呆をもつ高齢者、知的障害者などの判断能力の低い人々にとっては、日常生活を営むうえで必要となる福祉サービスの利用などについて、自己の判断で適切に契約を結ぶことは困難なのです。

第3に、契約関係における不平等な関係と、権利侵害に対する法的保護の弱さがあります。契約の平等性がどれだけ実現され、また行為能力（法律行為を単独で有効にすることができる法律上の地位あるいは資格）のない人々の意思が、社会福祉サービスにどのように反映されているのか、法制度による保障は強固なものではありません。

2）福祉の権利の実現に向けて

以上、社会福祉の権利について学んできました。社会福祉は基礎構造改革のもとで制度自体が大きく変えられ、これまで社会保障・社会福祉の基礎概念とされていた国家の責任による保障体系は、契約制度と結びつくことになりました。したがって、利用者自身が自ら契約の主体となり、サービスを選択・決定する体制へと変わってきています。

そのようななかで、財政との絡みが重要な課題となっています。現在、わが国の人口の高齢化は、国の財政に対して大きな負担となっています。しかしながら、社会保障・社会福祉の権利という観点から、実際の利用者の状況や運営面などをみますと、必ずしも現在の法制度が社会福祉において利用者を保護し、援助しているものと理解することはできません。

たしかに日本の財政状況は危機的といえます。しかし、人が人として生活することを保障する社会福祉の領域において、財政再建に基づく福祉合理化案を単純に受け入れることはできません。むしろ、今後社会福祉の権利が、理念に相伴うものへと着実に確立されていく必要があります。　　　　　　　　〔山本　隆〕

注
(1) 生存権を労働権とかかわらせて述べたものに、次の文献があります。大前朔郎（1975）『社会保障とナショナルミニマム』ミネルヴァ書房、1-25ページ。
(2) 朝日訴訟の詳しい中身については、次の文献を参考にしています。朝日茂（1967）『人間裁判――一生と死をかけた抗議／朝日茂の手記』草土文化。

引用文献
河野正輝（1991）『社会福祉の権利構造』有斐閣。
小川政亮（1992）『社会事業法制（第4版）』ミネルヴァ書房。
大前朔郎（1975）『社会保障とナショナルミニマム』ミネルヴァ書房。

読者のための参考図書
河野正輝・関川芳孝編（2002）『講座 障害をもつ人の人権 ①権利保障のシステム』有斐閣。
　障害をもつ人が社会に参加していくうえで保障されるべき権利を具体的に検討しています。
山本惠子（2002）『行財政からみた高齢者福祉——措置制度から介護保険へ』法律文化社。
　高齢者福祉の制度について、歴史、措置制度と介護保険の比較、権利保障の視点で実証的に解説しています。
山本隆（2002）『福祉行財政論——国と地方からみた福祉の制度・政策』中央法規出版。
　制度・政策について、行政と財政の仕組み、国と地方の関係、国際比較の視点から解説しています。

第3章
地域福祉とネットワーク
——人と人のつながる力——

> **キーワード** 地域福祉、ボランティア、相互依存性、当事者性、関係性

1 少子高齢社会と地域福祉

　地域福祉とは何か、を考える前に少し地域の暮らしを紹介してみましょう。

　京都府下のある小さな山村集落の電柱に「てつだい屋」という看板を見つけました。学生との合宿でこの集落を訪問した2004年9月のことです。「ご家庭のあらゆる雑用を代行いたします」。商品化の浸透が相対的に遅れた田舎の集落だけに少し違和感を感じましたが、過疎化で老人世帯が多いため結構繁盛していると聞きました。

　コンビニでバイトをしている女子学生から聞いた次のような話もあります。[1]

　レジで実感する高齢社会の実相に関係する話です。「ペットボトルの蓋を緩めておいて欲しい」「割り箸は割っておいて欲しい」「お菓子の袋（スナック菓子、チョコレートなど）を開けて欲しい」「重い荷物をたくさんもてないから2回に分けて運ぶ」「このバナナの皮は柔らかいですか？ 硬いとむけないんです」。旧市街地にあるこのコンビニは虚弱な高齢者や障害者のお客も多く、このような話はあげたらきりがありません。この学生は私の講義の課題レポートに、高齢社会とは割り箸を割ることにもサポートが必要な高齢者が地域で暮らす時代だ、と書いていました。

　別の学生からも同様の話を聞きました。

　「スーパーの前を通りかかったらおばあさんに呼び止められた。おばあさんは私に牛乳パックの口を開けて欲しい。いつもはレジの人に頼んでいる、といって

第3章　地域福祉とネットワーク

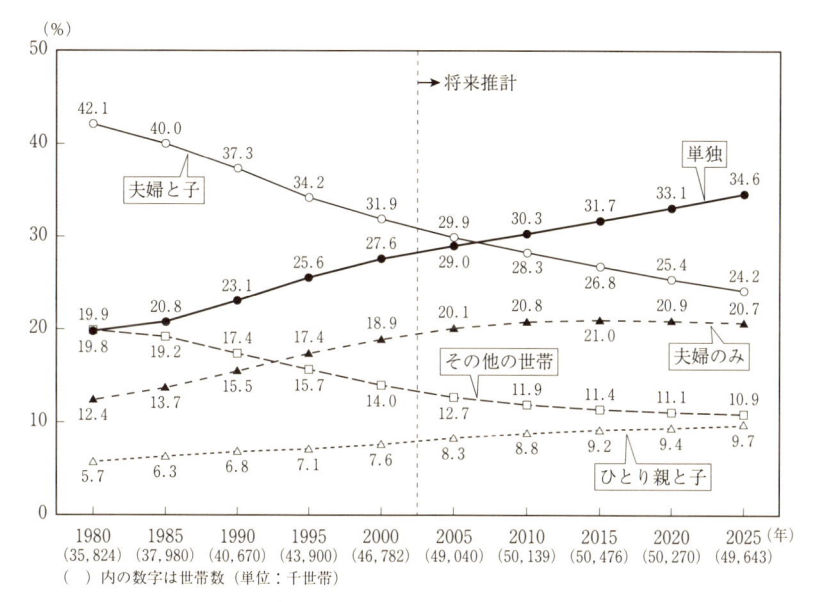

図1　家族類型別一般世帯数および割合

（％）

年	1980	1985	1990	1995	2000	2005	2010	2015	2020	2025
夫婦と子	42.1	40.0	37.3	34.2	31.9	29.9	30.3	31.7	33.1	34.6
単独	19.8	20.8	23.1	25.6	27.6	29.0	28.3	26.8	25.4	24.2
その他の世帯	19.9	19.2	17.4	17.4	18.9	20.1	20.8	21.0	20.9	20.7
夫婦のみ	12.4	13.7	15.5	15.7	14.0	12.7	11.9	11.4	11.1	10.9
ひとり親と子	5.7	6.3	6.8	7.1	7.6	8.3	8.8	9.2	9.4	9.7
(世帯数:千世帯)	(35,824)	(37,980)	(40,670)	(43,900)	(46,782)	(49,040)	(50,139)	(50,476)	(50,270)	(49,643)

※2005年以降は将来推計

出所：国立社会保障・人口問題研究所（2003年10月）「日本の世帯数の将来推計（全国推計）」より筆者作成。

いた。高齢者はこんなことでも困っているのだと思った」という内容です。

「てつだい屋」のような高齢者を対象とした代行業がはやるのもこんな背景があるからなのでしょう。日常用品の買い物や家庭での雑用以外にも、犬の散歩から墓参り代行まで登場しています。高齢者の地域での暮らしの実態に、制度や人々の意識、社会関係など社会の基盤が追いついていないのです。

多世代同居や親族ネットワークなど前提的に人と人がつながる分厚い自前のケアの体制が組み込まれていたかつての社会では何でもなかった些細な事柄が、今では生活の障害となって立ち現れる時代です。**図1**は家族構成の変化を表したものですが、わが国の家族モデルは、かつての多世代同居家族どころか、最近では核家族（夫婦と子ども）ですら、もはや日本の家族モデルといいがたい環境にあります。[2]地域福祉の成立は私たちの暮らしの実態と社会基盤（制度・意識・関係）が激しく乖離した環境を背景としているのです。

23

2 地域福祉における関係性と当事者性

1） 生活の相互依存性

「朝がくると」（まど・みちお）
　朝がくると　とび起きて／ぼくが作ったのでもない／水道で　顔をあらうと／ぼくが作ったのでもない／洋服を　きて／ぼくが作ったのでもない／ごはんを　むしゃむしゃたべる／それから　ぼくが作ったのでもない／本やノートを／ぼくが作ったのでもない／ランドセルに　つめて／せなかに　しょって／さて　ぼくが作ったのでもない／靴を　はくと／たったか　たったか　でかけていく／ぼくが作ったのでもない／道路を／ぼくが作ったのでもない／学校へと／ああ　なんのために／いまに　おとなになったなら／ぼくだって　ぼくだって／なにかを　作ることが／できるように　なるために　（小林信次ほか編 1992 所収）

この「ぼく」のように、私たちはどこの誰だか名前も知らない多くの人たちの労働の果実のうえで暮らしています。「ぼく」の気付きのように、私たちの社会は、貨幣を媒介に無数の商品化された生活資材を取り込みながら日々の暮らしの行為を紡いでいます。

こうした抽象的で不可視な人々の関係性が一般化している今日では、助け合ったり支え合ったりという人々の**相互依存性**は、非日常の世界と人為的空間の中でのみごく身近なものとして可視化します。非日常の世界とは、例えばあの阪神淡路大震災（1995年）のような災害時での生活空間の根底からの破壊と一方での自発的な人々の相互支援の活動の発生です。近年では未曾有の大災害となった阪神淡路大震災では、家屋・道路・交通・情報・役所機能が壊滅的な打撃を受け、食糧や電気・ガス・水道の供給が断たれ、一日の生活の維持さえもが不可能と思えるような極限の状況を作り出しました。他者に依存せずに自らの力で賄っているかのような日常の私たちの自立的生活の環境の実相は、震災という非日常の場面に遭遇して初めて、実は無数の他者の労働の果実によって成り立っている、というごく当然の事実を目の当たりに突きつけられたのでした。

また人為的な空間というのは、福祉や医療や教育など人と人の関係が可視的で実態のある対人援助の専門場面をいいます。非日常の世界では、人と人との相互支援の関係は関係の結晶としての生活資材の供給を断たれるということで可視化

したり、ボランティア活動など自発的行為として展開されますが、対人援助の人為的空間では、制度サービスの利用における専門職と利用者という非対称な関係性として立ち現れます。かつての旧共同体下で血縁を母体として展開されてきた自然発生的な人々の助け合いを超えて権利性・普遍性・一般性を備えた、その意味では抽象化された意図的な助け合いのシステムとして再構築されたものが、今日私たちが手にしている福祉などの制度サービスにほかなりません。[3]

2） 漱石の慧眼

　社会の高度化と仕事の専門化・細分化の関係を論じた一人に明治の文豪夏目漱石がいます。あまり知られていませんが、漱石は演説の名手で、その演説を基にした論考をいまも目にすることができます。以下は1911（明治44）年8月明石において述べたものの一節です。

　　「極の野蛮時代で人のお世話には全くならず、自分で身に纏うものを捜し出し、自分で井戸を掘って水を飲み、また自分で木の実か何かを拾って食って、不自由なく、不足なく、不足があるにしても苦しい顔もせずに我慢をしていれば、それこそ万事人に待つ所なき点において、また生活上の知識を一切自分に備えたる点において完全な人間といわなければなりますまい。ところが今の社会では人のお世話にならないで、一人前に暮らしているものはどこをどう尋ねたって一人もない。この意味からして皆不完全なものばかりである。」（夏目漱石 1978：24）

　さらに、漱石は近代化の中で発生する地域社会での人々の関係性の原子化について、次のようにも指摘しています。

　　「現今のように各自の職業が細く深くなって知識や興味の面積が日に日に狭められて行くならば、吾人は表面上社会的共同生活を営んでいるとは申しながら、その実銘々孤立して山の中に立て籠っていると一般で、隣り合せに居をト（ぼく）していながら心は天涯に懸け離れて暮しているとでも評するより外に仕方がない有様に陥って来ます。」「せっかくかたまって生きていても内部の生活はむしろバラバラで何の連鎖もない。ちょうど乾涸（ひから）びた糒（ほしい）のようなもので一粒一粒に孤立しているのだから根ッから面白くないでしょう。」（夏目漱石 1978：27）

　関係性の変容の兆しを産業資本勃興期に見抜き切った漱石の慧眼です。こうしてみますと、バラバラ化や希薄化に象徴されるような、抽象化された人々の関係性の一般化に現代社会の特徴をみることができるかもしれません。また「乾涸（ひから）びた糒（ほしい）」それゆえに、自らに直接的に影響を生ずるもの以外に

はさほど関心を寄せようとしない、隣の人は何する人ぞ、というような態度や振る舞いもまた日常普段に発生させるのが近代社会です。他者や社会の出来事に対し、まるで風景を見ているかのような自己との関係性の実感に乏しい無関心さの一般化です。社会問題の当事者性からの乖離です。

現代社会は、社会における人々の暮らしの相互依存性が加速的に進行しているにもかかわらず、関係性の希薄化や当事者性からの乖離という他者や社会への人々の眼差しやかかわりも衰弱させつつあるかのような、矛盾した局面を作り出しているともいえましょう。安心と信頼感でつながる人と人の関係を実感することが難しい時代に私たちは生きています。

3） 希望としての関係性と当事者性

さて、前項で概観してきたように、私たちは他者の労働の成果に依存しなければ一日たりとも生活していくことは不可能な社会に生きているのです。ありとあらゆる生活資材を他者に依存して暮らしていますし、逆に私たちもまた他者のための働きをして日々の生活を成り立たせているという、相互依存性に充ち充ちた関係ともいえましょう。しかし、この相互依存の人々の関係性は、旧共同体のように誰の目にも明瞭に映っていた時代とは違って、あるがままでは人と人との関係が不可視になり、抽象化され、拡散し、実感あるものとしては確認されづらくなっています。

上記の指摘を検証してみましょう。町衆という言葉に代表されるような大都市では奇跡的といわれるくらい地域が機能してきた京都市でもその衰弱は激しいものがあります。町内会・自治会活動への積極的な関与や役割を期待するものは1990年でわずか16％弱、1978年と比較しても約3分の1という実態です。地域に愛着や誇りをもっている人も同様に16％強でしかありません。2003年の調査でも町内会の地域を「自分のまち」として強く意識している人はわずか12％強だという結果が出ています。[4]他者や社会への関心やそれに裏打ちされた相互支援の活動を進めていくことには絶望的にならざるをえません。しかし同時に京都の調査は、ボランティア活動に参加したり関心をもっている人が80％を超えるという光明も示しています。地域への帰属意識の低下と同時に他者や社会とのかかわりを求めるボランティア活動への関心の高まりというこのパラドックスをどのように理解

したらいいのでしょうか。

　町内会・自治会活動の求心力低下という事象からして、人々が地域社会や他者への関心を衰弱させてしまうのは、現代社会の不可避の結果である、と断言してしまうのは早計にすぎるということでしょう。そうではなく、つながりを求める人々の関心や欲求が、町内会・自治会という既存組織ではなく、従来とは違う「ルートとスタイル」をもって集約されようとしている、とみるべきでしょう。この従来とは違う地域での生活と活動の「ルートとスタイル」こそ私たちの地域福祉の課題としてとらえていいのではないかと考えています。

　抽象化された人々の相互依存性に依拠した現実の生活を通して、新たな実感ある人と人の関係性や当事者性の復権は可能か。人々はなぜにかかわりあい、相互支援のつながりを求めるのか。私はこの問いかけへの肯定的反射にこそ社会の希望があり、地域福祉の可能性があると信じています。

　以下、いくつかの事例を素材に、人と人とのつながる力（地域福祉の力）について考えていきます。

3 つながる力──地域福祉の可能性

1） 障害児の放課後保障の活動

　地域福祉における**当事者性**と**関係性**について、まずは体験的に語ってみます。

　二十数年も前の話です。ある町で障害のある子どもたちの親の会事務局活動に誘われ、障害のある子どもやその父母と一緒に活動することになりました。学校が始まって間もない親の会の例会で、ある親が次のような悩みを話し始めました。「昨年の夏休みは大変だった。毎日毎日子どもとべったりの生活、子どもも親も煮詰まって暑い毎日だった。また今年も、と思うとぞっとする」。私は、学校が始まったばかりなのにもう夏休みのことかと、聞き流しましたが、親たちはみんな一様に頷いていました。この４月子どもが学校にあがったばかりの親たちも不安そうに聞き入っていました。何回かの話し合いで、一人で見るのも二人で見るのも一緒、だったらみんなで一緒に夏休みを乗り切ろうか、とまとまりました（1978年）。その町で始まった夏休みの共同子育て活動は、その後あちこちの町に飛び火して「サマースクール」という共通言語を作ったのです。

年々の子どもたちの成長はまた新たな困難な課題を作り出してきました。「学校に行っている間はいいけれど卒業したらどうなるのだろう。親亡き後というけど、親がいる間も大変だ」。親たちの話題はいつしか数年後に必ず訪れる卒業後というテーマに移っていきました。「行き場がなくなったらどうしよう。就職しても友達との余暇活動は必要だよね」。サマースクール開始から数年後、安心して子どもの卒業を迎えられるようにと、卒業後の進路と地域生活を考える組織が立ち上がりました（1984年）。サマースクールで一緒に夏休みを過ごした子どもたちが、一人二人と卒業式を迎えました。行き場をなくして在宅を余儀なくされた子どもが初めて生まれた年、手作りの小さな作業所を開設したのが1991年。共同作業所は利用者3人、民間の小さなアパートの一室から始まりました。利用者が増えるたびに、条件の許す物件を探して何回も移転しました。親や関係者の必死の運動、行政の理解もあって、念願の自前の拠点を確保したのはそれから数年後の1996年。やっと放浪暮らしから解放され、2002年にはさらにもう一つの拠点を今度は共同出資して自前で購入しました。

　親たちの共同の実践は、その周辺に必ず多くの理解者や支援者を組織してきました。みんなで力を合わせれば、こそであります。これは社会の法則です。後援者やボランティアも毎年毎年増えていきました。年々利用者も職員も増えていきました。事業規模も大きくなっていきました。今度はより安定的な多角的な障害児者の地域福祉の拠点をめざして、小規模通所授産事業の制度を活用して社会福祉法人化の実現のために志し大きく取り組んでいます。

　いま次世代育成支援策など、子育て支援が強調されていますが、障害のある子どもたちの子育て実践から学ぶことは大きいのです。それは何より共同のチカラ、つながるチカラ、です。親をバラバラにして課題を切り刻んでいくかのような子育て支援の方向ではなく、親や関係者のつながるチカラを強めていくことに水路付けられた支援施策といえるでしょう。[5]

2）　高齢者の介護と家族

　エピソードをもう一つ。京都市西京区の介護者の会での経験です。1989年に結成された、寝たきりや痴呆の高齢者を介護している人々の組織です。京都市で初めての行政区での介護者組織の結成ということでずいぶん注目もされ、多くの関

係者に祝福されての出発でした。その後、この会の活動に続けとばかりに、各行政区での組織作りが相次ぎました。私はこの会の活動から学んだことで特に印象に残っていることがあります。会の学習会に講師として呼ばれた際、ワークショップ形式で、現代の姥捨て山とはどんな状態を指すのか、をテーマに議論してもらいました。1時間足らずの議論で彼(女)らが集約した現代の姥捨て山とは、誰にも相手してもらえずに毎日孤立して暮らす状態にある高齢者、というものでした。在宅であろうと施設や病院の利用であろうと、親族や友人、知人との交流や見守りのなかにある暮らしには「姥捨て山」は無縁だということでした。[6]

在宅の家族介護真っ只中の会員であることからして、私はもう少し異なる意見を予想しました。心身に苦痛の大きい在宅介護を続けている自分たちの立場を合理化したり、正当化するベクトルが皆さんに働いて、施設利用者やその家族への冷たい視点が注がれやしまいか、と思ったのです。ところがそうではありませんでした。介護者の会会員の愛情あふれる社会性と連帯性に満ち満ちた大きな介護問題の集約の方向に、私は自身の心根の貧しさを深く恥じたものでした。

私はこの研修会で以下のような挨拶で締めくくりました。「介護者同士が手をつないで、励ましあったり、支えあったりしながら、豊かな介護社会の実現のために、介護者の立場で発言していってください。皆さんの活動は当事者性と関係性の地域福祉そのものです。掛け替えのない毎日の介護と会の活動が、皆さんの人生にとって意味あるものとなりますことを心から祈念します。」

地域福祉とはこのような関係性と当事者性に溢れ、さまざまな領域のセクターがネットワークを広げていく市民主体の実践に深く依拠したものであることを忘れてはなりません。

4 地域福祉の位置

地域福祉を成立させている社会環境や具体的事例を紹介してみましたが、それでもなお、**地域福祉**とは何か、という一見単純な問いかけに一言で応えることはそれほど容易ではありません。

紹介してきた事例からも明らかなように、老人福祉法や児童福祉法などといった根拠法をもつ分野別福祉とは違ってその領域確定が難しいこと、分野・領域と

第Ⅰ編　福祉の原理を考える

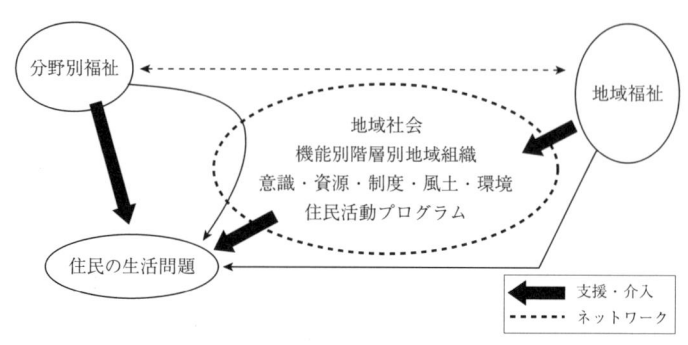

図2　地域福祉の方法

いうよりむしろ保健・医療・教育など専門分化していく関連領域との**ネットワークづくり**、組織化といった方法論に特徴をもつこと、**ボランティア活動**など制度を先導したり、あるいは補完する市民活動により深くコミットする領域であること、さらにはその活動を通して市民の福祉に対する理解や参加を促進したり、人々の関係性や意識、法制度など社会システムの変容すら課題とすること、社会問題の担い手としての市民の当事者性に依拠した実践であること、等々地域福祉の特質がその理解をことさらに難しくしている要因かもしれません。

図2で示したように、住民の生活問題にその専門性によって直接的に支援あるいは介入する分野別福祉の手法とは違って、地域の住民組織や資源を活性化させ連携させながら、その問題解決に当たっていくという独自の語られ方で地域福祉が説明される場合もあります。

専門分化し細分化した今日の社会福祉の全体像を可視化し把握していく枠組みと方法が特に必要とされていることも、地域福祉に対する期待の大きさの背景にも連なっているのかもしれません。地域で発生している住民の些細な生活問題やその解決や軽減のために関連分野とのネットワークを広げながら活動しているボランティアなどの住民活動の中にこそ、将来必要とされる福祉など新たな社会サービスの兆しが包含されているといってもいいでしょう。その意味では、地域福祉の分野は、分野別福祉をはじめとする新たな社会サービスの誕生の瞬間を準備する竈（かまど）の役割を担っているのかもしれません。　　　〔津止正敏〕

注
(1) コンビニと高齢者を扱ったものには以下の資料があります。服部万里子（1995）『高齢者にやさしい商品開発』日本経済新聞社。「ルポ・コンビニとお年寄り」（2004）『福祉のひろば』2004年11月号、総合社会福祉研究所。
(2) 日本経済新聞は特集「未知なる家族」の中で、実態からかけ離れている夫婦と子ども2人という「標準家族」の問題を取り上げています。標準家族は単独世帯に追いこされ、標準家族を前提に組み立てた日本の設計図がどんどん古びてきた、と指摘しています。『日本経済新聞』2004年8月23日朝刊。
(3) 人と人の関係（社会的連帯）は、顔の見える「人称的連帯」と匿名性の「非人称的連帯」としても語られています。斎藤純一編著（2004）『福祉国家/社会的連帯の理由』ミネルヴァ書房。
(4) 京都の住民意識は、京都市の各年度の市民モニター調査から紹介しています。
(5) 障害児と家族の放課後実態は、津止正敏・津村恵子・立田幸代子編（2004）『障害児の放課後白書』クリエイツかもがわ、で包括的に分析しています。また、当事者性と関係性の視点から子育て支援のあり方については、津止正敏・藤本明美・斎藤真緒編（2003）『子育てサークル共同のチカラ——当事者性と地域福祉の視点から』文理閣、があります。
(6) 高齢者介護問題を扱ったものは藤本文朗・津止正敏編（2002）『働きざかり男が介護するとき』文理閣、があります。

引用文献
小林信次・水内喜久雄編（1992）『子どもと一緒に読みたい詩』あゆみ出版。
夏目漱石（1978）「道楽と職業」『私の個人主義』講談社学術文庫。

読者のための参考図書
暉峻淑子（1989）『豊かさとは何か』、同（2003）『豊かさの条件』いずれも岩波新書。
　　日本の社会のあり様を、私たちの暮らし方・働き方に引きつけながら広い視野で論じています。とても勇気がわいてくる本です。
日本地域福祉学会編集（1997）『地域福祉事典』中央法規出版。
　　少し古いですが、地域福祉のコンテンツを網羅した事典です。

第4章
福祉と健康
――福祉サービスと不健康の関係を考える――

> **キーワード** 不健康、貧困、ホームレス、社会階層、失業、医療・福祉の連携

　病気や外傷など健康問題は、保健・医療分野の問題として考えられることが多いようですが、社会福祉とも密接なかかわりをもっています。この章では、健康問題が社会福祉とどのようにかかわっているかを考えていきます。

1 福祉ニーズの遠因としての不健康

　まず、健康問題は社会福祉のニーズを生み出す要因の一つになります。例えば次のような場合はどうでしょうか。(以下で示す事例は架空のものです。)

　　元会社員のAさん(68歳)は、2月に脳卒中を起こし病院に入院した。薬物治療および機能訓練を受け、車椅子での生活はできるようになったが、食事には介助が必要な状態であった。退院時に、身体障害者福祉制度、介護保険制度などを活用したケアの計画がなされた。

　Aさんは疾病によって食事摂取が十分できなくなったというわけです。もちろん、こうした場合でも、家族などが介助を行ってうまくいく場合もあるかもしれません。ですから、疾病によって引き起こされたAさんの機能的な状態変化が**福祉ニーズ**に結びつくにはAさんをとりまく社会関係も考慮にいれておく必要があります。しかし、**不健康**がこのニーズの遠因になっているといえるでしょう。
　別の例をみていきましょう。

　　パートタイムで何とか暮らしていたひとり暮らしのBさんは(50歳)は心臓病に

よりいちじるしく身体機能が低下し、日々の生活はなんとか自立しているものの、それまでの仕事を続けられなくなった。収入は激減し家賃も払えず日々の食事にも事欠くようになり、市役所に相談に行き、生活保護を受けることとなった。

この例でも、疾病と社会福祉とのつながりが示されています。しかし、それは先ほどの例ほど明らかではありません。疾病による機能低下によって失業するかどうか、さらに失業による所得の低下がどの程度のものであるか、によって福祉ニーズはかなり影響されると考えられるからです。

図1に示したように、生活保護開始の理由として最も多いのは「**傷病**」です。ただし、長引く不況のもとで、「失業」「貯金等の減少・喪失」など「傷病」以外の理由で保護が開始される場合が近年は増えてきています（厚生労働省大臣官房統計情報部 2004）。

なお、「生活保護の開始」は「生活の困窮」と全く一致しているとはいえません。というのは、生活保護を開始するための行政的判断が正確に「**生活の困窮**」を評価しているかどうかがわからないからです。例えば、「傷病」が原因の申請では保護が認められやすいが、「失業」による申請では認められにくいというようなことがあれば、保護が開始されるのは「傷病」が原因という場合がより多く

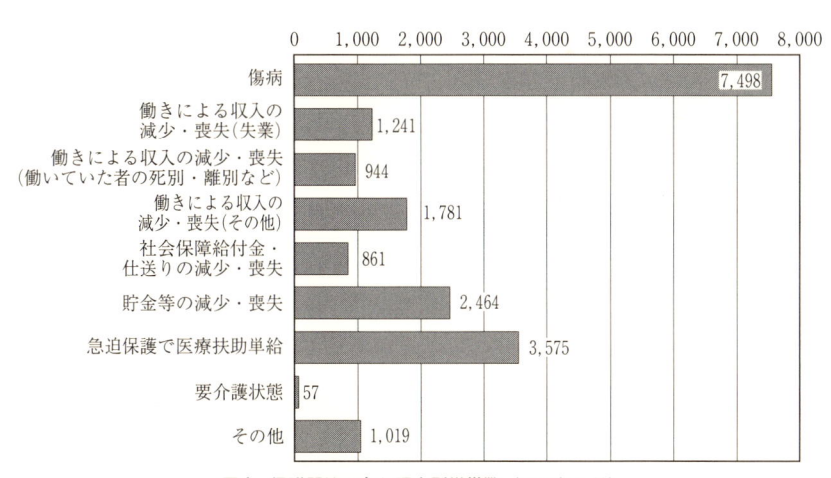

図1　保護開始の主な理由別世帯数（2003年9月）
資料：厚生労働省大臣官房統計情報部（2004）。
引用者注：「働きによる収入の減少・喪失（その他）」とは、「老齢による収入の減少」「事業不振・倒産」および「その他の働きによる収入の減少」をいう。

なるでしょう。また、生活に困窮していても、行政に保護を求めない場合も保護が開始されません。このような意味で、統計の解釈には注意が必要ですが、少なくとも保護受給者の中では「傷病」が背景にある場合が多いといえます。つまり、生活保護という福祉サービスを受けている人を理解するうえでも、不健康の問題は重要です。次の節では、福祉の側からみた健康問題について考えてみましょう。

2 福祉ニーズを抱えている人と不健康

　福祉の側から健康問題を考えるのに、三つの課題を区別しておく必要があります。一つは実際に福祉サービスを受けている人の健康をみる課題です。介護サービスや障害者福祉サービスを受けている人と家族などそれをとりまく人の健康を考えるということです。二つめの課題は、福祉サービスを受けているかどうかにかかわらず潜在的に福祉サービスの対象となっている人、つまり福祉ニーズを抱えている人の健康を考えるという課題です。最後に、福祉サービスを提供している労働者の健康を考える産業保健的な課題です（車谷典男ほか 2003）。ここでは、福祉サービスの対象者に注目して、最初の視点については介護の例を、2番めの視点についてはホームレスと失業についての例を紹介しましょう。

1）介　護

　介護サービスの受給者は、多くの場合高齢者であり、しばしば過去に大きな病気をしています。心臓病や脳卒中などを患った場合は、多くの場合、再発予防に向けた日常的な健康管理が必要であり、医師による診察も重要となります。薬物の服用、食事の制限、心身の機能維持・向上に向けた生活の構築が問題となります。生活の構築には福祉領域のサービスによる支援が必要な場合が多いでしょう。そして、介護を受けている人の社会参加を確保することはそれ自体が重要なことですが、社会参加を通じて活動的な生活が促され、社会的交流が増すことで情緒的な支援が増すことにつながります。

　こうしたことからいえるのは、福祉サービスはサービス受給者の健康の維持・増進にも役立っているということです。もちろん、投薬や重度の床擦れへの対応など医療専門職が担うべき役割も明確にあるので、福祉サービスのみが健康の維

第4章　福祉と健康

持・増進を担っているわけではありません。

2）　野宿生活者（ホームレスの人々）

ホームレス（homeless）の状態にある人々とは、欧州では安定した住処のない状態におかれている人々のことを指します（小玉徹ほか 2003：iii-iv）。しかし、日本の「ホームレスの自立の支援等に関する特別措置法」（2002年）ではこの用語はより狭い意味で用いられています。すなわち、「都市公園、河川、道路、駅舎その他の施設を故なく起居の場所とし、日常生活を営んでいる」（2条）人々のことを指します（この状態にある人々のことをこの章では大阪府立大学社会福祉学部都市福祉研究会（2002）にしたがい野宿生活者と呼ぶことにします）。こうした状態にある人々が就労や住居などさまざまな支援サービスを必要としていることに疑問はないでしょう。

では野宿生活者の健康はどうでしょうか。厚生労働省（2003）の調査によれば、調査に応じた野宿生活者（回答者の95.2％が男性で、「50～64歳」が全体の65.7％を占めていました）のうち47.4％の人が「具合の悪いところがある」と回答していました。この割合が野宿生活をしていない人と比較して多いか少ないかは比較できるデータが示されていませんので明確ではありません。しかし、半数近くの野宿生活者は住居の問題だけでなく不健康の問題にも直面していることに注目すべきでしょう。さらに、「具合の悪いところがある」と答えた人の中で68.4％が「通院」ないし「売薬」の購入などの対応をせず「何もしていない」と答えていた点も見過ごせません。

大阪府下の野宿生活者406人に面接調査を行った大阪府立大学社会福祉学部都市福祉研究会（2002）の調査でも、調査対象者の42.4％が「具合の悪いところがある」と答えていました。訴えた人の割合が高い症状は、「歯が悪い」（25.8％）、「腰痛」（21.2％）、「目が悪い」（14.9％）、「よく眠れない」（14.4％）、「しびれ・麻痺」（12.1％）、「目やに・目のかすみ」（10.1％）でした（なお20.7％の人が「その他」の症状を経験していました）。さらに、この調査では野宿生活を続けている期間が長いほど、また食事を取る回数が少ないほど有訴者の割合が高いことが示唆されています。

日本で暮らす人の平均的データとして2001年度国民生活基礎調査（厚生労働省

2002)で「55〜64歳、男性」の結果をみますと、何らかの自覚症状のあった人の割合は34.6％、通院している人の割合は43.3％でした。この数字と比べると野宿生活者はより自覚症状のある人の割合が高く、医療を利用している人の割合は逆に低くなっているように思われます。

　こうした不健康と医療の低利用の積み重ねの結果によるものか、野宿生活者の死亡リスクは定住している人に比べてかなり高くなっています。逢坂隆子ら（2003）は、大阪府監察医事務所および大阪大学法医学講座の資料から、2000年に大阪市内で死亡したホームレス者（野宿生活者および簡易宿泊所宿泊者）の死亡が294例（うち男性199例、死亡時の平均年齢56.2歳）であったとしています。この数字は大阪市の野宿生活者の死亡リスクは全国の男性の死亡の3.6倍に及んでいたことを意味しています。大阪での調査では栄養状態が悪く、ストレス、不眠に悩んでいることも示されています（黒田研二 2004）。

3）失 業

　現代社会では失業も大きな問題です。**図2**に最近の失業率の推移を示しました。1990年代初頭より**完全失業率**が近年まで増加し続けてきたことがわかります。失業は所得の低下をもたらすだけでなく、将来の見通しへの不安などを通した精神的ストレス、さらに生活の大きな変化、企業に対する複雑な感情などをもたらし、これらが不健康につながることとなります。

　失業が健康にもたらす影響は未だ未解明の点が多いのですが、ヨーロッパ各国での研究によれば、失業は死亡率を増加させること、この影響は男女ともにあること、職業によって異なるものの若年で影響が強くみられること、自殺・事故・暴力・アルコール関連疾患による死亡が特に増加するが、これ以外の死因による死亡の増加もなお存在すること、などが知られています（Kasl and Jones 2000）。さらに、身体疾患も増加するようですが、必ずしも一貫した結果がでているわけではありません。精神的健康については、うつ状態の増加がみられるのは明らかですが、持続的・継続的な問題を引き起こしているかどうかはなおも議論があります。日本で行われた追跡調査でも失業を経験した人の精神的健康度は低いことが示されています（中里克治ほか 2000）。

　失業への対策は雇用の確保という意味では経済政策の影響が大きな分野です。

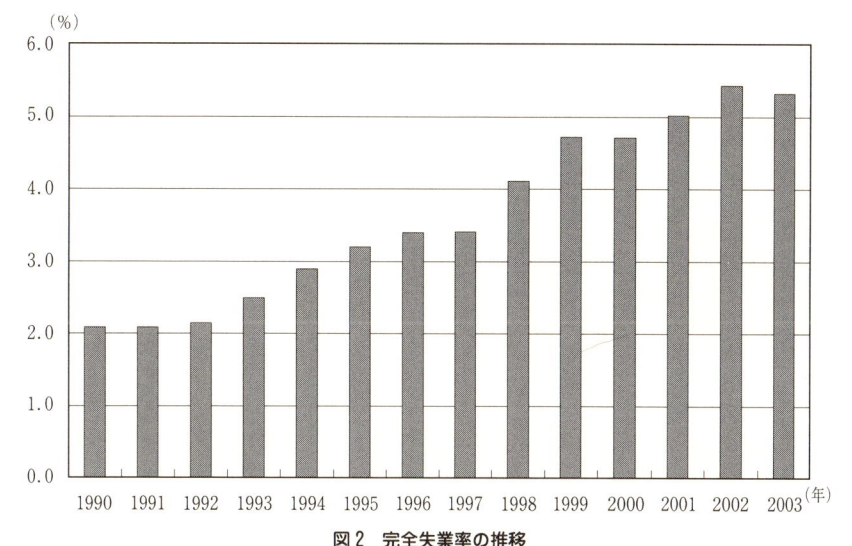

図2 完全失業率の推移
資料：総務省統計局（n.a.）より作成。

　先に生活保護の開始理由をみましたが、所得の低下などにより社会福祉サービスを必要としている失業者がいることを忘れてはなりません。このように職業生活は、所得だけでなく健康にも影響のあることを考慮にいれて福祉サービスのあり方を考えていく必要があるでしょう。

3　社会・経済状態と不健康

　これまで、福祉ニーズのある人がしばしば健康問題を抱えていること、あるいは健康の保持・増進という意味でも何らかの対応が考慮されるべき状態にあることをみてきました。以下では、失業やホームレスといった福祉ニーズを抱えた人だけでなく、住民全体を視野にいれて、一人一人の人がおかれている社会・経済状態が健康とどうかかわっているかをみていきましょう。なお、このような個人の社会・経済状態や社会のあり方と健康とのかかわり方を探求する学問は**社会疫学**と呼ばれています（Berkman and Kawachi 2000）。

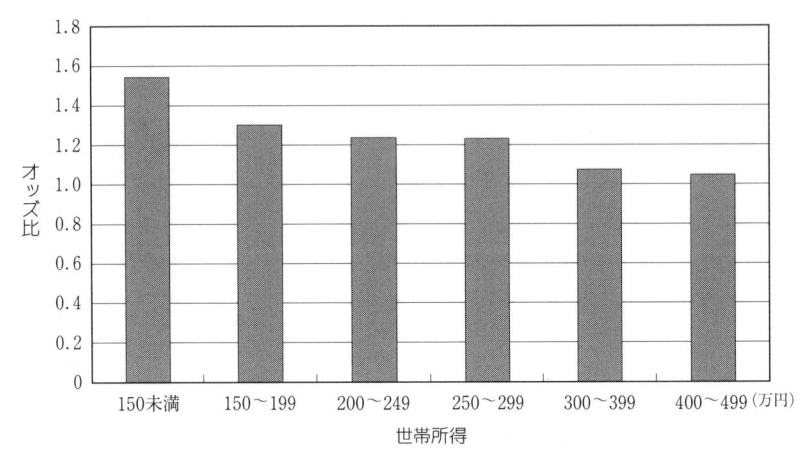

図3 主観的な健康状態が「ふつう」ないし「よくない」と答えていることについてのオッズ比
注：世帯所得は課税前所得で、移転所得を含む。また、世帯人員数による補正が行われたもの。
出所：Shibuya, Hashimoto and Yano (2002) より、筆者作成。

1） 個人の生活と不健康

　まず、一人一人の人の社会・経済状態と健康とのかかわりです。社会・経済状態をどう把握するかは大きな問題ですが、健康とのかかわりでは職業とのかかわりがあります。19世紀半ばに英国の労働者階級の状態を分析したエンゲルスは、住居や栄養などの生活と健康とのかかわりが「階級」の問題として存在していることを指摘しました。70年代末に発表された報告書で、豊かな社会となったと思われた英国でも職業による健康状態の格差が消えていっているわけではないことが示されて以来、この問題に再び関心が高まってきています（Marmot and Wilkinson 1999；Wilkinson and Marmot 1998）。

　日本では、社会的リアリティの問題として職業や所得と健康との関連が大きく問題となることはどちらかといえば少なかったようですが、統計的にみるとやはり関連があることが示されてきています。

　2001年度の国民生活基礎調査のデータを用いた日本での研究では、世帯所得の低い人は**健康状態の自己評価**が低い可能性が高いことが示されています（**図3**）(Shibuya, Hashimoto and Yano 2002)。図中にある**オッズ比**とは、この場合は、健康状態の自己評価が相対的に低かった人の割合を高かった人の割合で割ったもの（オッズ）を世帯所得層別に算出し、年収500万円以上の層との比をとったもので

第4章 福祉と健康

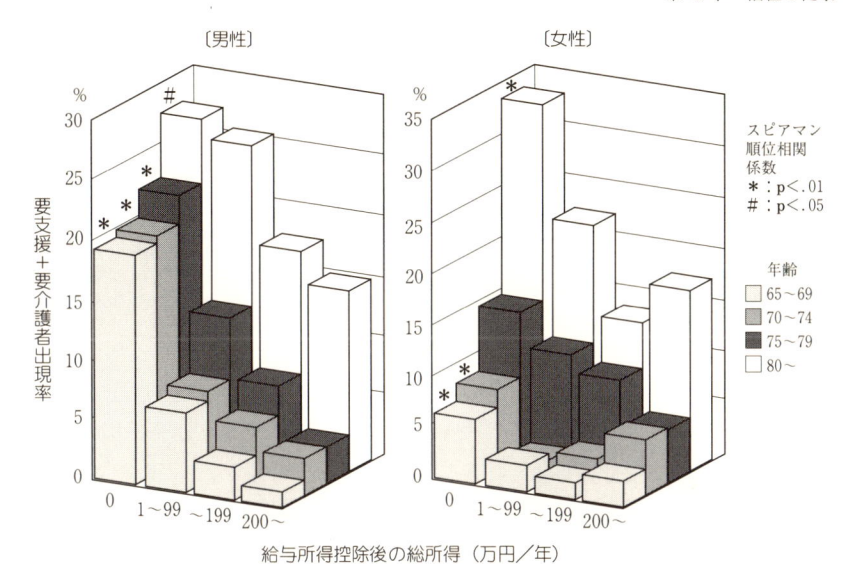

〔男性〕 〔女性〕

図4 所得・年齢・性別要介護者出現頻度（近藤克則）
出所：近藤克則（2002）。

す。この数字が高い層ほど、自己評価が低い人の割合が多かったことを示しています。この調査では、健康状態に影響を与える他の要因（性、年齢など）の効果を取り除いた自己評価と世帯所得との関連を示すために、このようなやや複雑な統計手法を用いています。健康状態の自己評価は長期的にみて死亡のリスクと関連していることが示されていますので、この結果は軽くみることはできません。

　もう一つの例として、所得と要介護状態との関連をみておきましょう。近藤克則（2000；2002）は人口4万人規模の自治体の高齢者5,124人の調査を実施し（回収率96.3％）、要介護状態になることと所得階層とに明瞭な関係があることを示しています（**図4**）。こうした社会・経済状態との関連で観察される死亡や罹患の差異は**健康格差**（health inequality）と呼ばれています。

2） 健康格差の説明理論

　では、なぜ健康格差が生じるのでしょうか。これを考える前に、健康格差自体を否定する議論もあることをみておきましょう。まず、統計的に観察される社会・経済状態による健康状態の差異は、他の要因によって生じている差異をまと

39

めた統計的錯誤にすぎないという見方があります。しかし、すでに紹介した研究でも示されていますが、年齢などの影響を取り除くように分析をすすめてもこの差異が存在していることが各国の膨大な研究によって示されています。

次に、社会淘汰説といわれる議論があります。これは、健康格差が社会・経済状態によってもたらされているのではなく、逆の関係を考えるものです。つまり、疾病や事故により健康状態が悪くなると社会階層上の位置が低下しているという説明です。これについては、すでに述べたようにそのような面があることは否定しにくい面があります。しかしながら多くの追跡調査によって、先行する社会・経済状態によって健康格差が生じることが明らかとなっています。

こうして社会・経済状態が背景となって健康格差が生じていることは確実だと考えられています。ではどのように社会・経済状態が健康格差に影響しているのでしょうか。代表的な議論を紹介しておきましょう（Bartley 2004；バートリーほか 2003）。

まず、喫煙などの行動、そしてそれに関連する「文化」が階層間で異なり、それによって健康格差がもたらされるという考え方があります。たしかにこのような行動の差異は観察されているものの、それがなぜ生じるかについては必ずしも明らかになっていません。ストレス対処のうまさなどなんらかの心理学的な特性によって説明しようとする議論や「文化」や慣習によって説明しようとする議論などがありますが、どれも十分とは考えられていません。次に、心理-社会的影響を重視する考え方があります。これは職場をはじめとしたストレスフルな出来事が健康に影響していることから、職種間での健康格差が出現するという考え方です。三つめの考え方は、所得や職業によって、住居の質、衛生状態、食事の質などが影響され、それが健康に影響するという考え方です。この考え方は、絶対的な貧困については理解できますが、貧困状態も含めて、所得階層間で健康状態が異なる理由を必ずしも説明できません。さらに、親の社会・経済状態がその子どもの小児期の健康状態に影響するだけでなく、その子どもが成人となってからもなお影響が残っている、あるいは、蓄積されているというライフ・コースの視点からの分析による検討がなされています。

3） 社会と不健康

ここまで説明してきたのは、ある個人の社会・経済状態がその個人（ないし子ども）の健康状態に影響するという考え方でした。もちろん、ある社会における個人の社会・経済状態のおおまかなあり方は、その社会が成り立ってきた歴史や制度によっています。所得をとってみても、一人当たり国内総生産（GDP）で示される社会全体の経済活動の大きさや税・社会保障等による所得再分配のあり方が左右します。

この社会のあり方も、住民の健康と関係していることが示されています。まず、**「所得格差のあり方」**と健康とのかかわりについては、所得格差の激しい社会の方が、住民の平均的健康状態は悪い傾向があるという関連が知られています。統計的には**ジニ係数**（0で完全に格差がなく1で格差が最大となるように定められた所得格差の程度を示す経済指標の一つ）と平均寿命との相関関係によって示されています（Wilkinson 1996: 72-109）。

また、社会の成員が相互にもつ信頼感と健康とのかかわりも注目されています。例えば、米国の各州を比較した研究では、平均的にみて人々に対する不信感が強い——社会調査によって示されたものですが——州では、より年齢調整死亡率が高いという傾向がありました（Kawachi et al. 1997）。

このように、それぞれの社会がもつ特徴が大まかにいって構成員の健康状態の概要を規定しているのであれば、個々人の責任で健康づくりや予防をするだけでは明らかに不十分であり、所得保障や社会での信頼関係をどのように形成していくかというような根本的な対応が求められます。

この章では、社会福祉と健康問題とが密接にかかわっていることを、福祉ニーズの遠因としての不健康、福祉ニーズを抱えている人の健康問題、社会状態と健康、という三つの点に注目しながらみてきました。その中で、直接的な福祉ニーズとのかかわりのみならず、不健康が生み出されるうえで、人々の暮らしや社会のあり方が大きく関与していることもみてきました。この意味で、福祉と保健の課題には、共通の要因があることが多いといってもよいでしょう。このことを考えるならば、**社会福祉と保健・医療との連携**が、ニーズの把握においても、サービスの供給においても、そして街づくりや社会制度の構築においても展望される

べきではないでしょうか。　　　　　　　　　　　　　　〔松田亮三〕

引用文献

Bartley, M. (2004) *Health Inequality : An Introduction to Theories, Concepts and Methods*, Policy Press.

バートリー, M., ブレイン, D., デイヴィー・スミス, G. (1999)「健康の不平等にかんする統計について考える」Dorling, D. and Simpson, L. (1999) *Statistics in Society : The Arithmetic of Politics*, Arnold.（＝2003, 岩井浩・金子治平・近昭夫・杉森滉一訳『現代イギリスの政治算術──統計は社会を変えるか』北海道大学図書刊行会：283-298。）

Berkman, L. and Kawachi, I. (eds.) (2000) *Social Epidemiology*, Oxford University Press.

小玉徹・都留民子・中村健吾・平川茂（2003）『欧米のホームレス問題（上）──実態と政策』法律文化社。

厚生労働省（2002）「平成13年 国民生活基礎調査の概況」（http://www.mhlw.go.jp/toukei/saikin/hw/k-tyosa/k-tyosa01/index.html, 2002年8月9日）。

厚生労働省（2003）「ホームレスの実態に関する全国調査報告書」（http://www.mhlw.go.jp/houdou/2003/03/h0326-5.html, 2003年3月26日）。

厚生労働省大臣官房統計情報部（2004）「平成15年度社会福祉行政業務報告結果の概要（福祉行政報告例）」（http://www.mhlw.go.jp/toukei/saikin/hw/gyousei/03/index.html, 2004年9月26日）。

近藤克則（2000）「要介護高齢者は低所得者になぜ多いか──介護予防政策への示唆」『社会保険旬報』（2073）：6-11。

近藤克則（2002）「社会的経済的格差による健康の不平等」『経済』（82）：27-37。

黒田研二（2004）「ホームレス者の医療ニーズと医療保障──大阪市における高齢者特別清掃事業従事者健診結果より」『大阪保険医協会雑誌』（451）：36-40。

車谷典男・徳永力雄（2003）『介護職の健康管理──今すぐできる予防と対策』ミネルヴァ書房。

Kasl, S.V. and Jones, B. A. (2000) "The Impact of Job Loss and Retirement," in Berkman, L. and Kawachi, I. (eds.), *Social Epidemiology*, Oxford University Press : 118-136.

Kawachi, I., Kennedy, B. P. et al. (1997) "Social Capital, Income Inequality, and Mortality," *American Journal of Public Health*, (87) : 1491-1498.

Marmot, M. and Wilkinson, R. G. (1999) *Social Determinants of Health*, Oxford University Press.（＝2002, 西三郎監訳『21世紀の健康づくり10の提言──社会環境と健康』日本医療企画。）

中里克治・下仲順子ほか（2000）「中高年期における職業生活からの完全な引退と失業への心理的適応プロセス」『老年社会科学』22(1)：37-45。

逢坂隆子・坂井芳夫・黒田研二・的場梁次（2003）「大阪市におけるホームレス者の死亡調査」『日本公衆衛生雑誌』（50）：686-696。

大阪府立大学社会福祉学部都市福祉研究会（2002）『大阪府野宿生活者実態調査報告書』（http://www.sw.osakafu-u.ac.jp/~nakayama/pdf/report.pdf, 2002年3月）。

総務省統計局（n. a.）「労働力調査 長期時系列データ」（http://www.stat.go.jp/data/roudou/longtime/03roudou.htm, 2004年9月20日閲覧）。

Shibuya, K., Hashimoto, H. and Yano, E. (2002) "Individual income, income distribution, and self rated health in Japan : cross sectional analysis of nationally representative sample," *British Medical Journal* (324): 16-19.

Wilkinson, R. G. and Marmot, M. (1998) *Social Determinants of Health: The Solid Facts*, World Health Organization.（＝2002，髙野健人監訳／健康都市東京推進会議・日本健康都市学会訳『健康の社会決定要因――確かな事実の探求』WHO 健康都市研究協力センター。http://www.tmd.ac.jp/med/hlth/home/SolidFactsJ.pdf）

Wilkinson, R. G. (1996) *Unhealthy Societies : The Afflictions of Inequality*, Routledge.

読者のための参考図書

Marmot, M. and Wilkinson, R. G. (1999) *Social Determinants of Health*, Oxford University Press.（＝2002，西三郎監訳『21世紀の健康づくり10の提言――社会環境と健康』日本医療企画。）
　　原著の題を直訳すると「健康の社会的規定要因」となります。失業、仕事、交通、社会的支援、食事、貧困など生活のさまざまな側面が健康にどのような影響を与えるかについての膨大な研究を概観した著名な本。より短いものとしては、引用文献にある『健康の社会決定要因』を見るとよいでしょう。

高谷清・武内一・植田章編（1997）『障害者の健康と医療保障』法律文化社。
　　福祉ニーズのある人についての健康と医療を学びたい人にお勧めの本です。

エンゲルス，F.（1845）『イギリスにおける労働者階級の状態』。
　　今読んでも面白い英国の労働者階級の状態分析の古典。住宅、生活、健康の問題がいろいろ取り上げられています。訳本は、岩波書店、新日本出版社などから出ています。

庄司洋子ほか編集（1997）『貧困・不平等と社会福祉』有斐閣。
　　表題通りのテーマについて主な議論がまとめて記述されています。貧困や社会的格差に関心ある方に勧めたい本です。

岩田正美（2000）『ホームレス／現代社会／福祉国家――「生きていく場所」をめぐって』明石書店。
　　この本では61名に及ぶインタビューと「観察」に基づいて「ホームレスという経験」が探求されています。さらに、「ホームレス」という状態が生まれる理由やそれへの対応のあり方が、現代の福祉国家のあり方とのかかわりで考察されています。

第5章 家族問題と福祉
―― 福祉の原点を考える ――

> **キーワード** 定位家族と生殖家族、基本的信頼、相乗性と相克性、家族機能、日本型福祉社会

1 社会と家族機能

1）社会的存在

　家族は社会の基礎単位といわれます。その意味は単に個人が集合して社会が構成されるというよりは、個人が家族という単位に束ねられて、より大きい社会を構成しているということです。私たち個人は小さな社会としての家族に身をおきながら、社会の構成員となっています。家族は一つの社会であるともいえますが、家族はより大きな社会と個人を媒介する存在であるともいえます。たしかに古今東西、家族が存在しない社会は見あたりません。これまでに私たち人間の存在が認められるとき、その社会には家族が存在していました。また同時に家族のない社会を構想する議論も後をたちませんが、いまだに家族のない社会は存在しません。かつてイスラエルの共同村であるキブツには家族がないといわれたことがありましたが、その後の研究の中で、やはりキブツにも家族は存在することが明らかになりました。私たちの人間社会にはかならず家族が存在します。

　それではなぜ、社会には家族が存在するのでしょうか。私たち人間にとって、家族とはどのような存在なのでしょうか。そこではじめに、家族を二つに分けておきましょう。一つは成人のカップルが夫婦となり、子どもを産み育てる**生殖家族**と、子どもとして生み育てられる、親が形成する**定位家族**です。通常、私たちは「定位家族」で生まれ、育てられ、成長し、やがて自らの子どもを産み育てる

「生殖家族」を経験します。「生殖家族」は選択することのできる家族ですが、定位家族は選択できない家族です。文学者の芥川龍之介などはこのことを人生最大の不条理だといいましたが、これは生き物の宿命であり、特に私たち人間にとって、家族という存在がいかに大きいものかを示していると思います。これから社会の中に家族が存在することの意味を考察していきますが、その場合に主として念頭におかれるのは「定位家族」の方です。

　かつて動物学者ポルトマン（A. Portmann）は人間を**生理的早産**をする存在といいました。それは人間が生まれるとき、他の人間以外の高等哺乳類と同等の能力を備えるようになるには、母胎内にあと10か月ほどとどまる必要があると見なしたからです。人間は哺乳動物本来の成長からすれば、恒常的に早産状態にあると考え、人間の赤ちゃんほど頼りなく生まれる高等哺乳動物はいないと指摘したのです。しかし生物としての本能のプログラムを、いわば未完のままに出生する人間は、出生後に歴史的・文化社会的条件のもとでその欠落を補います。例えば人間らしさとしての複雑な言語の使用によるコミュニケーションや二足歩行などは、出生後の文化社会的環境のもとで培われていきます。それらは決して本能のプログラムによる自生的な展開ではなく、文化社会的環境の中で、他の社会的構成員との相互作用を通して形成されていくものであり、私たち人間が社会的存在といわれるゆえんです。このように人間の場合は出生後から、他の哺乳動物と比較しても圧倒的に長い期間にわたって保護を受けながら、生育していくことになります。社会の構成員として成長していく過程を**社会化**といいますが、特に人生の初期段階における親子のかかわりが重要であるといわれています。人生の初期段階で赤ちゃんが親から与えられて、言語によるものではない、より原初的な感覚による、深い精神的安定の状態が得られることを、エリクソン（E. H. Erikson）は**基本的信頼**の獲得といいました。これは人生の初期段階に与えられる、生きていく力の根源であり、まさに生きる希望であり、人間が心身ともに発達していくときの土台です。このような人間発達の最も基礎的な社会化を行うのが家族という存在です。

2）　家族の相乗性

　生まれたばかりの赤ちゃんは、とうてい自分の力だけで生きていくことはでき

ません。自分を保護してくれる存在が必要です。赤ちゃんを産んだ親は、自力で生きていけない赤ちゃんを大切に保護して育てます。親（特に母親の場合が多いのですが）は、赤ちゃんと強い絆で結ばれることになります。この絆のもとで赤ちゃんには深い安らぎが与えられます。人間発達の初期段階で獲得されるこの基本的感覚こそが、人間と人間のつながりを肯定的に信じ、ともに生かしあう関係を形成する土台となります。まさにこの点が「福祉の源泉」といえるのではないかと思います。人間と人間がともに生かしあい、助けあうことを**相乗性**といいますが、私たちの人生の初期段階における家族経験のうちに相乗性がやどっているといえます。

　しかし、このような人生の初期段階に経験されることは、成長する過程で意識からは消えていきますから、この経験の重大さには成長した私たちは気がつきません。その重大性がはっきりするのは、人生の初期段階で、このような家族経験をすることがなかった不幸な事例をみるときです。例えば20世紀の初めころ、インドで狼に育てられているところを発見された二人の女の子は、二足歩行もできず、言語の習得もなされていませんでした。その様子は着衣もなく、髪を振り乱し、四足で走り、生肉を好み、行動習性も夜行性で、まるで狼のようであったと記録されています。この事例では出生後に何らかの事情があって、親の手を離れた赤ちゃんを狼が育てたと推測されています。人間の場合は本能のプログラムを未完成のままに出生しますから、出生後の環境しだいで人間性のあらわれ方が大きく異なってしまいます。私たち人間にとって、いかに人生の初期段階における経験が重要であるかが分かると思います。家族という存在は、この人間が人間として発達していく際の最も重要な基礎を形成する役割を担っています。このことから人間存在とともに家族は存在してきたといえるのです。家族がなければ人間は生物学的なヒトではありえても、今現在の私たちのような人間ではなかったのではないでしょうか。

　人間と家族を存在論的にとらえれば、人間存在と家族は深いところで相乗性によって強く結びついているということができます。しかし、私たちは現実のすべての家族が同じように赤ちゃんを守り育てるのではないことを経験的に知っています。言うまでもなく、現実の家族のあり様は多様です。生まれてきた赤ちゃんを手厚く保護し愛育する家族もあれば、無力な子どもを虐待する家族もあります。

第5章　家族問題と福祉

そこで次に現実社会の中で、私たちの家族についてみていく必要があります。

2　家族機能の変化と家族問題

1）　家族機能の変化

　私たちの家族を社会の中でとらえるのにはいくつかの方法がありますが、ここでは機能論的なアプローチを用いましょう。社会に対して家族がもつ機能をみていく方法です。まず**マードック**（G. P. Murdock）**の家族機能論**によれば、家族には四つの基本機能があります。それは性、経済、生殖、教育です。男女のカップルが出会い、共同生活をするところに夫婦関係ができ、性と経済的共同の機能が生じます。そこにやがて子どもが生まれ、養育されるところに親子関係ができ、生殖と教育の機能が生じます。マードックは一組の夫婦と未婚の子どもから構成される家族を**核家族**と呼び、家族の普遍的形態と考え、またこの四つの機能こそが普遍的な家族機能であるとも考えました。

　しかし現実社会における家族は形態的にも核家族だけではありませんし、機能的にも四つだけとは限りません。現実社会との関係の中で家族の形態も機能も多様に変化します。例えばアメリカ社会を念頭においた**パーソンズ**（T. Parsons）**の家族機能論**では二つの機能にしぼりこまれています。パーソンズは「成人のパーソナリティの安定化」と「子どもの社会化」こそが家族の重要な機能だといいました。マードックの4機能のうち、「経済的共同」と「生殖」は家族の主要機能からははずされることになりました。こうすれば同性のカップルによる「夫婦」関係や血縁ではない「親子」関係から構成される家族をも想定することができるようになります。

　世界的な視野で家族のあり様をみると、さまざまな現実の家族は社会の歴史的・文化的条件のもとで、その存在形態や対社会的な機能を多様に分化させているといえます。日本社会の現実の中で家族をとらえてみましょう。

　現在日本の家族の一般的な形態は核家族ですが、これは20世紀の中頃から大きく変化した結果です。それ以前は直系家族といって多世代同居の家族形態が一般的で、法制度に基づいた「家」が存在していました。現在の家族についての理解を深めるために「**家**」制度について少し説明しましょう。「家」には「家族連続

性」と「家族不平等性」のルールがあり、血縁の結びつきを断絶しないように親から子へと家名、家業、家産、家風などを継承し、その継承者を「家督」と呼びました。日本の場合は男系でしたので、子どもの中でも長男が大切にされました。「家」には跡継ぎが必要ですが、その子どもを産むのは他家からきた嫁の役割です。この嫁は家長である父の権限で結婚をきめられ、それに従わなければなりませんでした。家族の不平等は性、年齢、本家と分家の間などで認められました。
　このような近代民主主義に反する要素をもつ「家」は20世紀の大戦後、憲法、民法を改正するなかで否定されることになります。この「家」の廃止は大きな社会変化のひとつですが、私たちの生活を大きく変化させることになりました。これにより「家」の中での親子関係や夫婦関係が大きく変わったといえます。「家」のルールのもとでは、跡継ぎの子どもは「家」のすべてを単独相続するのと引き換えに、老親を同居扶養する義務を負い、老年期の生活はそのことによって保障されていたわけです。また「家」が継承され、さらに「家」が隆盛し、老年期の生活を保障してもらうためには、継承者としての子どもが必要ですから、そのような役割を期待された子どもは、その意味で大切に扱われたともいえると思います。親は子を産み育てて恩を与え、子どもはそれに対して親に孝でお返しをする、そういう互酬的な教えを説く道徳も存在していました。それが民法改正を機にして変化していったのです。子どもは自分の意思で結婚を決めて親とは別居の生活を始め、親の扶養よりも配偶者と子どもの扶養義務が優先されるようになってきました。このような家族変化は民法の改正による面もありますが、経済社会の変化によるところも大きく、「家」と適合的な自営業や農林漁業に従事する人口が減り、土地や暖簾（のれん）を必要としない給与生活者が増える産業化・都市化と深く関連します。
　ここまで述べてきた家族変化は**核家族化**といわれますが、この過程で家族の機能は大きく変化をしてきたといえるでしょう。核家族のことを夫婦家族とも呼んだりしますが、それまでの日本の家族と比べると、家族の中心としての夫婦の比重が大きくなったといえるでしょう。そのことを集団としての家族が変化して、「個人と個人の関係の集積」のようなものとしてとらえる立場もあります。結婚して伴侶となること、子どもを産み、育てることに個々人が自分の価値観で向き合い、老親の世話をするのも子どもの当然の義務ではなく、子どもと老親との関

係しだいになってきて、こうすべきものといった規範ではなく、個々人の愛情に基づくものといった傾向になってきているといえるでしょう。かつての「家」がもっていたような老親扶養機能は、家族変化の過程の中でずいぶん変貌したといえるでしょう。また生活する中で生じるさまざまな家族の生活機能、例えば生活の知恵や知識を伝えたり、けがや病気のときに看病したり、食事や洗濯、家事などは、すべて家族がするというのではなく、学校や塾、病院、コンビニやスーパー、デリバリーショップなどに、その生活機能を委譲してきているといえます。このような傾向を**家族機能の外部化**といいます。しかしマードックやパーソンズの指摘した基本的な家族機能が社会全体で脆弱化してしまっているとみるのは早計です。多くの家族は現実社会の中でさまざまな影響を受けながらも基本的な家族機能を失っているとはいえないからです。ただ、家族の中には基本的な家族機能を弱め、ときには逆機能といわれるような状態にある場合もみられます。

ここでは問題現象としてあらわれた家族の中の**虐待**についてみておくことにしましょう。

2) 家族の問題現象

東京都の『児童虐待白書(平成13年)』(2001)から見ていきますが、報告書の中では東京都内の児童相談所で対応した1,940件について分析しています。これによると子ども1,000人に対し0.7人の割合で虐待を受け、2歳から8歳の子どもが6割を占めることになります。虐待の内容は打撲傷やあざなど「身体的虐待」が約半数で最も多く、「生命の危機あり」は全体の約2％の36件あり、そのうちの20件は乳幼児でした。また1年以上の期間にわたって虐待を受けた子どもは全体の約43％でした。虐待者は実母が約59％、実父が約24％、養・継父等は実父の5分の1。実父の有業率は平均よりかなり低く、「経済的問題」が他の要因と複雑にからまり、虐待の主要因となっていると報告されています。同じく女性も有業率は全体より低く、「女性の社会進出が虐待につながる」とはいえないと述べられています。またよくいわれる「世代間連鎖」や「望まれずに出生」が決定的な要因となるとはいえないと分析されています。さらに虐待事例を家族形態からみると、「実父母と子どもの家族」が約45％、「ひとり親と子どもの家族」が約30％、「三世代家族」は7.2％でした。世帯構成を考慮して、家族形態別出現率と

いう視点からみると、「ひとり親と子どもの家族」が高く、「三世代世帯」は逆に低いと指摘できます。児童虐待がどのくらい発生しているのかの実数を把握することは困難ですが、児童相談所に通報される件数はこの10年間で15倍以上になっており、そのことから推測すれば児童虐待は現在、確実に増加しているといえると思われます。

つぎに児童虐待に比べればあまり注目されてこなかった**高齢者虐待**についてみておくことにしましょう。現在、少しずつ高齢者虐待に関心が向けられてきていますが、その事実は高齢者介護における介護者負担の問題のかげにかくれて、長い間明らかにされてきませんでした。しかし家族介護の深刻な実態からすれば、当然起こりうる状況にあったと考えられます。

高齢者処遇研究会が行った「全国在宅介護支援センター職員」調査（1993年）をみることにしましょう。この調査は全国400か所の在宅介護支援センターに調査票を郵送し、そのうちの220か所から回答（回収率55％）を得たものです。それによると半年で144人、209件の虐待があったことが報告されました。60歳以上の被虐待者は、「高齢になるほど（80歳以上半数）」「女性ほど（7割）」多く、「痴呆症」が4割、「要介護者」が8割でした。また家族形態をみると「三世代世帯」が約4割、「親族との同居」が7割以上でした。虐待者は「同居の嫁」28％、「同居の息子」18％、「配偶者」15％、「同居の娘」10％。年代では「40歳代」「50歳代」「60歳代」の順に多いという結果になりました。虐待の内容をみると「同居の嫁」は「放任」が多く、「息子」「娘」「配偶者」は「直接的暴力」が多いことが明らかになりました。虐待を受けやすい高齢者は、息子夫婦と同居している高齢者が多いと報告されています。また虐待が生じる原因は「家庭内の人間関係の不和」や「介護負担の重さ」などがあげられています。

子どもが老親を同居扶養しなければならないという規範意識をいまだに残す家族であっても、実際に老親と同居して長い期間にわたって介護を続けることは困難になってきています。それは子どもの仕事の都合、家計の状態、住宅条件などの家族の生活状況の変化、それに加えて延命措置が発達して、いったん要介護状態になると長く臥床する状況など、介護ニーズの増大に比較して、家族の介護力が相対的に低下しているからです。2000年に始まった介護保険制度はまだまだ問題点を多く残す制度ですが、このような社会状況の中で成立したわけです。

現代社会において、家族機能が脆弱化しているとみえるような問題現象が生じており、それを解決する社会の仕組みが必要となってきています。そういった問題状況のなか、家族を支える社会的諸制度の中の重要なひとつとして、社会福祉があるといえるでしょう。

3 家族と社会福祉

　人間発達の初期段階において、家族によって与えられる人間と人間のつながりを肯定的に信じる力がともに生かしあう関係を形成する土台となり、これこそが「福祉の源泉」であると前に述べました。この相乗性の原理は本来的に家族から生まれてくるといえると思います。そして私たちの社会はこの原理によって共同体を形成し社会生活を営んできましたが、産業革命に始まる社会変化の中でかつての共同体は解体化の過程をたどることになりました。そしてそこから社会生活を支える制度としての社会福祉が次第に発達してきたわけです。その社会福祉制度の土台をなす思想には相乗性を認めることができると思います。ただし社会には相乗性に対する相克性の力も働いていることも指摘しておかなければなりません。**相克性**とは人間と人間が互いに競って奪いあい、自らの生存のためには他を押しのけて生き延びようとする力です。社会はいわば相乗と相克の二つの力のせめぎあう場であるといえるかもしれません。家族自体が社会の基礎単位ですから、この二つの力がせめぎあう場にもなりえますが、本来的に家族は相乗性の場を形成します。言い方を換えれば、相乗性の場を形成するものが家族と呼ばれてきたともいえるでしょう。私たちが自らの生存をかけてしのぎを削る社会において、社会福祉が成立するのは家族の存在がなくては考えられません。私たちの社会においては家族がまず第一次的な生活の共同性や相乗性を志向し、そのような家族機能に限界があらわれた場合にそれを補完したり、あるいは代替するように社会福祉が機能するようになっています。社会福祉の発達と家族機能との間には密接な関係があるといえます。

　私たち日本の社会福祉がヨーロッパの福祉先進国と比較して発達が遅れていると指摘されることが多いと思います。そのときに言われることは、家族の絆が強く、家族の生活保障機能が十全に働いているから、あるいは単に家族機能に対す

る期待が大きいから、社会福祉の整備が進まない、あるいは進める必要がないというものです。**日本型福祉社会**という際の意味も、家族機能への大きな期待を基にした社会福祉のあり方を示しています。これまで社会福祉の財源論議をする際にも家族は重要な含み資産と見なされてきたのです。

　しかし前節でみたように、私たち日本の家族は大きく変化してきています。これまでのように家族に対して同じ水準で期待しつづけ、いわば家族依存的な社会福祉の状態を続けていってよいという状況ではなくなってきました。家族機能の変化を見きわめつつ社会福祉の整備を進めなければならない現実が認められると思います。家族を源泉とする相乗性を土台として成立した社会福祉は、現在、家族をまもり支援する役割を与えられてきているといえるでしょう。社会福祉のあり方を考えるとき、大きく変化する家族をどうとらえるかは、今後きわめて重要な課題になってくるでしょう。21世紀の福祉社会を展望する際にも、そこに私たちの家族生活がしっかりと見えていなければならないと思います。

〔高橋正人〕

引用文献

エリクソン、E. H. 著／仁科弥生訳（1977）『幼児期と社会』（1、2）、みすず書房。
高齢者処遇研究会（1993）『「全国在宅介護支援センター職員」調査』。
東京都（2001）『児童虐待白書（平成13年）』。
ポルトマン、A. 著／高木正孝訳（1961）『人間はどこまで動物か』岩波新書。

読者のための参考図書

山根常男（1998）『家族と社会』家政教育社。
　　家族とは何か、人間とは何か、といった福祉の原点を考える書。
森岡清美（1993）『現代家族変動論』ミネルヴァ書房。
　　現代家族の変化についての理解を深めるのに最適な書。
山根常男・玉井美知子・石川雅信編著（1996）『わかりやすい家族関係学』ミネルヴァ書房。
　　家族生活と社会福祉についての新しいトピックにふれるのに最適。
高旗正人・讃岐幸治・住岡英毅編著（1983）『人間発達の社会学』アカデミア出版会。
　　人間発達理論についての基本的文献。
杉山光信編（1989）『現代社会学の名著』中公新書。
　　さまざまな社会現象を社会学的に解説する書。

第Ⅱ編

福祉問題と支援を考える

第6章
在宅高齢者の生活問題
――その現実と、高齢者の孤立・生活問題の潜在化を克服する課題――

> **キーワード** 社会問題、介護問題、高齢期の生活格差、高齢者の生活後退、生活問題の潜在化

1 社会問題としての生活問題と社会福祉課題

1） 生活問題とは

生活問題とは、個人または家族の生活と再生産（日々の生命、家族の生活、次の世代）の営みにおいて障害や困難が生まれ、個人や家族の力だけでは解決できない状態をいいます。

今日、人間の生活は社会なしには営めません。人間が消費する品物の大半は社会的に生産されたものです。また人間はさまざまな社会的なサービスや制度を使って暮らしています。その意味で個人や家族は自分の力だけで生活することはできないといえます。しかし何らかの「必要」が生まれた多くの場合、人間は生活財やサービスをお金で購入することで「必要」を「充足」しており、またお金で買えなくても家族・親族・近隣などの支え合いで大事にはいたらない場合もあります。そのように日々の生活上の「必要」があっても、生活の維持が可能な状態は、「生活問題がある」とはいいません。

2） 社会問題としての生活問題

さらに、一見個人的な原因で起こったように見える困難も、よく見ると、さまざまな社会的な要因が複合的に関与しながら生まれていることがあります。失業による貧困が社会的な要因によることは100年以上前から指摘されています。今

日でも、労働災害・公害・薬害・欠陥商品によって生まれた生活困難のように明らかに企業や国に責任があるものが多くあります。また「老々」介護における悲惨な事件の場合にも、子どもの広域の転勤、親族の生活困難、高齢者の地域での孤立など社会的要因が直接的・間接的に原因となっていることがあります。

　実際、生活問題の研究の流れをみると、はじめは労働者の低所得・貧困問題と貧富の拡大が問題にされましたが、1960年代以降の「高度成長」期・「低成長」期における産業基盤と労働力の都市への集中、産業構造の転換、農業の解体などを通じて作られた生活様式の変化、家族関係の変容、地域関係の解体、環境悪化などによる生活の困難および人格面への影響へと研究の視点が広がり、さらに視点は生活の社会化と標準化、社会的固定費用の増大という観点から、低所得層に限らず「中流」とみられる階層の生活のもろさ・不安定さへと広がっていきました。この研究の流れにおいて、「生活問題は社会問題である」ことが明確にされました（真田是 1981；成瀬龍夫 1988；加藤薗子 1976；江口英一 1987）。

3）　生活問題と社会福祉課題

　社会問題は次の三つの要素から成り立っているというのが定説です（副田義也 1993）。①社会が問題として認めているものであること、②社会問題は社会が（資本主義社会が構造的に）産出したものであること、③社会問題は社会が対応をめざすべきものであり、この場合の社会は一義的には行政であること。

　生活問題の中には、狭義の社会福祉制度の対象となる生活問題のほか、所得保障、医療保障、介護保障、公衆衛生などの他の社会保障制度、住宅保障や教育制度などの対象となる生活問題もあります。こうした社会問題としての生活問題の中で、社会福祉制度や社会福祉活動の中で取り上げられたものが社会福祉課題です。

　したがって客観的には生活問題が存在しても「社会福祉課題」として生活問題が取り上げられなければ、社会福祉制度の対象になりません。問題が潜在化している状態です。ただし生活問題・社会福祉課題を「問題」として取り上げるのは国や地方自治体の制度だけではありません。国民の運動も「問題」を取り上げることができます。朝日訴訟、保育所増設運動、老人医療費無料制度など多くの制度が国民の運動によって作られましたが、それは国民の生活問題が運動によって

顕在化し社会問題として取り上げられたからです。制度の創設や世論を喚起する「ソーシャルアクション」が行われたともいえるでしょう。

　逆に要介護認定のように、生活問題を国が切り取ることもあります。国民の生活問題への対応の重点を政策的にシフトさせることによって、一定の問題や階層が政策的に排除されるということも起こりえます。

2 事例から在宅高齢者の生活問題を考える

　以下は在宅高齢者の生活問題を考えるために簡単に描いた事例です。

1） 生活問題を考えるための事例
○悠々自適の生活を送るAさん。
　Aさん（男性・70歳）は妻と長女の家族（夫と小学生の子ども2人）の6人家族で、市内の住宅地の2世帯住宅で暮らしている。60歳で定年後、再雇用で5年間働いたあと就労からは引退、退職金と月額26万円の厚生年金（妻も基礎年金を数万円受給している）で暮らしている。引退後も体調はとても良好で、在職時の友人と釣りに出かけたり、妻と食事や買い物に出かけたりと、「悠々自適」の生活で、子ども世帯との関係も良好である。
○裕福だが寝たきりのBさんはヘルパーと2人暮らし。
　Bさん（女性・90歳）は10年前に夫と死に別れてから単身生活、亡夫の遺産で不自由のない金利生活を送っている。亡夫は有名な会社の元経営者で、Bさんは100坪以上の広い屋敷で暮らしている。長男、長女とも他県に住み、それぞれ裕福な暮らしをしているが、理由があるらしくBさん宅にはあまり寄り付かない。Bさんは2年前の骨折が原因で歩行が不自由になり、住み込みのヘルパーと2人で暮らし、ヘルパーの費用は介護保険と私費を組み合わせている。Bさん自身は広い住居の8畳間にあるベッド上でほとんど一日中寝ている。
○妻を介護していたCさんが倒れた。
　Cさん（男性・65歳）は妻と2人暮らし。住居は狭いマンション。妻（60歳）は数年前からアルツハイマー病が発症し、また、階段から転倒して頭を打ってから寝たきりとなってしまった。Cさんは再就職していたが退職し、懸命に妻の介

護を行っていたが、脳出血で入院したため長女が一旦妻を引き取った。Cさんは幸い退院できそうだがマヒが残り伝い歩きの状態、今の狭いマンションでは妻を介護しながら2人で暮らすのは困難。しかし妻はすぐには施設に入所することはできない。Cさんの年金は月額15万円、妻は無年金で有料の施設に入所できるほどの蓄えはない。

○室内が「ゴミの山」のDさんは民生委員の訪問を拒んだ。

　Dさん（女性・70歳）はひとり暮らし。住居は木造アパート1室、国民年金と蓄えだけで生活。膝の痛みと心臓の病気があって虚弱だが、それまで日常生活は可能であった。最近生活の意欲が低下して閉じこもりがち、親族との交流、近所付き合いはない。民生委員が訪問したところ、Dさんの室内は「ゴミの山」のようになっており、Dさんはしばらく入浴もしていない様子であったが、「何も困っていない」と民生委員の訪問を拒んだ。

2） 事例でみる生活問題の質的な違い

　以上の事例について、若干補足しながら、「生活の違い」をみてみましょう。

　まず、本人の心身の状態をみると、Aさんは体調がすこぶる良好、Bさんは寝たきり、Cさんは伝い歩き、Dさんは虚弱です。自力で外出できるのはAさんとDさんです。

　家族・親族の状態をみると、Aさんは2世帯住宅で関係良好、Cさんは別居の長女が協力的、BさんとDさんは親族関係は不良です。社会交流の状態をみると、Aさんは在職時の友人や妻と頻繁に外出、Bさん、Dさんはほとんど訪れる人はいません。

　生活手段の状態をみてみましょう。まず住居の状態です。Bさんは申し分のない「お屋敷」、Aさんは余裕のある2世帯住宅、Cさんは要介護状態には不適切な狭いマンション、Dさんは木造アパート1室です。Bさんは「寝たきり」ですが電動ベッド、段差解消、浴室改善などによって、ヘルパーの介助で入浴できます。しかしCさんの場合はマンションで浴室改善が難しく、トイレも狭くてマヒのあるCさんには不便です。

　次に生活手段のうち生活費をみてみましょう。Bさんは不自由のない金利生活、Aさんは妻と合計で約30万円の年金、Cさんは15万円の年金、Dさんは国民年金

5万円弱です。

このようにみると、Aさんは事例のかぎりでは生活の困難性＝生活問題はみられません。

Bさんは「寝たきり」ですが、自費でヘルパーを雇え、介護保険の自己負担金も払えるでしょうから、そのかぎりでは深刻な生活問題は現れていません。しかし、親族関係や地域関係は希薄な状態なので、Bさんは「見守りが必要な状態」であり、Bさんが適切な介護を受ける保障やその他の「権利擁護」の課題として生活問題があるといえます。

Cさんは親族関係は良好ですが、住居の問題、費用負担の問題、Cさんおよび妻の状態からみて、在宅高齢者の生活問題と社会福祉課題が明らかです。

Dさんは身体的には「虚弱」ではあるものの介護保険上は「要介護」とならないかもしれません。しかし生活状態は悪化して自分の力では緩和・解決が困難なのに民生委員を拒んでいます。このままでは健康の悪化も危惧され、在宅高齢者の生活問題と社会福祉課題が明らかです。

3 高齢者の生活問題の原因・背景

まず、こうした多様な在宅高齢者の生活問題の有無や質的違いの要因となる高齢期の特徴を**表1**を参考に考えます。

1） 加齢による心身機能の変化、低下

第1は加齢による心身機能の変化、低下です。身体機能の変化は、循環器系、腎・泌尿器系、神経系、呼吸器系、消化器系、内分泌系、骨格器・結合組織、皮膚・体温調節など身体の各器官に及びます。また精神・知的機能の変化には年相応の物忘れや軽度の認知障害から、アルツハイマー病や脳血管障害などによる精神症状や知的機能の低下まで程度の差があります。

これらの問題は「生命体的・個体的な困難性」です。加齢は自然現象ですが、加齢に伴う健康・疾病には、後述するようにその人の生活歴が強く影響していることがあり、社会的要因が認められる場合も少なくありません。その他、本人のパーソナリティや生活力など本人に内在する問題もあります。

表1　高齢者の生活問題の要因（小川栄二）

A．本人に内在する問題
　Aa. 身体機能の問題　Ab. 精神機能の問題　Ac. 知的問題　Ad. パーソナリティ・対人関係の問題　Ae. 日常生活力・生活イメージの問題　Af. 援助・介護を受ける力、諸サービスを使いこなす力　Ag. その他本人に内在する問題
B．家族など介護者の問題（親類、近隣を含む）
　Ba. 介護者の介護イメージ・知識・技術・意欲　Bb. 介護者のパーソナリティ・精神機能・知的問題　Bc. 介護者と本人との関係・密着度・家族問題　Bd. 介護者の所得・経済状態・疲労状況・生活の余裕・介護可能時間　Be. その他の介護者の困難状況
C．生活手段
　Ca. 所得・生活費の問題　Cb. 住居・設備の問題　Cc. 公共設備・共同消費手段の問題　Cd. その他の生活手段・生活環境の問題
D．地域・社会の問題、回復・改善を阻むその他の問題
　Da. 孤立・知人の減少　Db. 立ち退き・疎外、高齢者への差別・偏見　Dc. 地域の変貌　Dd. 医療、保健・福祉サービスの問題
E．制度、サービス、資源
　Ea. 医療の受けやすさ、費用負担の問題　Eb. 保健・福祉・介護サービスの受けやすさ、費用負担の問題　Ec. その他の社会保障制度の問題

2）家族との関係

　引退によって家族との生活の仕方に変化が生まれます。会社員だった男性の場合「毎日が日曜日」となりますが、「悠々自適」で暮らす人もあれば、「濡れ落ち葉」になる場合もあるというようにさまざまです。家事労働の中心者だった主婦の引退は台所を子ども世帯に明け渡すことを意味します。ここでの問題は「家族内の役割の変化」であり「生きがいや生活意欲への影響」です。もちろん事情が許せば、2世帯住宅で暮らすことが可能でしょうが。

　加齢等による要介護状態が生まれれば、「**家族介護問題**」が生まれます。ここでは、上記の家族関係の問題に加え、①家族の健康や介護する力、②家族の精神機能やパーソナリティ、③家族と高齢者本人との関係、④家族の経済力その他生活状態などが困難性を左右します。

3）生活手段の状態

① 所得・生活費

　引退による就労収入の途絶と年金収入への移行が所得の変化の特徴です。事例でも述べましたし、後述もしますが、所得の格差は大きく開いており、なかでも

国民老齢基礎年金のみの年金額は月額5万円程度が平均で、女性の場合はさらに少ない金額で、まさに「食べていけない」額です。この時期、住居費や公共料金など「社会的固定費用」といわれる支出が家計を大きく圧迫し、家計の自由に使えるお金の範囲が極端に狭まります。

さらに要介護状態が生まれると、介護に伴う新たな支出が生まれます（岩田正美 1989；岩田ほか 1996が詳しい）。介護機器・住居改善、介護用品、特別な食事、介護保険の自己負担と保険外負担、医療費、移送費、等々です。

② 住居・設備

引退によって大きく影響が出るのは前出の「住居費」ですが、虚弱・要介護状態になった場合に、高齢者が利用する住居・設備の状態に不適合が起こります。段差が大きく、トイレの場所も不便な古い家の場合があります。長時間の立ち仕事をする台所、夜中のトイレ使用のための導線、深い和式の風呂等々、住居設備の一部が高齢者に不向きになります。

日用家電なども、見づらく、操作しにくいスイッチや調整ボタンは高齢者に不向きです。そのことだけでご飯を炊くことができなくなってしまう高齢者も少なくありません。

③ その他の共同消費手段

道路や交通機関、公共設備なども高齢者には不向きな場合が少なくありません。元気な高齢者が昼間過ごす空間も非常に不十分です。

4） 地域の変貌、高齢者の孤立・疎外

歴代の政治は、大都市への人口の集中と都市問題を深刻化させ、過疎地を増大させました。企業活動は地域生活に強力に介入し、人口移動が頻繁で、町は大きく変貌しています。こうしたなかで、高齢者は今まで保ってきた地域関係を縮小し、知人の入院や死亡なども重なって、孤立化を強めています。悪質な訪問販売への警戒からドアを閉ざしたままになったり、ナベのカラ焚きが原因で地域からの疎外を体験したりして、引きこもりがちになる高齢者も出てきます。

5） ライフステージの特徴と過去の生活の影響

成人女性の平均的なライフサイクルをみると（厚生省 1992)、26歳頃結婚、27

歳頃長子誕生、以降23年間子扶養期間、30歳頃末子誕生、56歳頃長男結婚、57歳頃初孫誕生、57歳頃夫定年（再就職）、62歳頃夫引退、74歳頃夫死亡、以降寡婦期間となっています。これは専業主婦の場合ですが、男性の場合、共働きの夫婦の場合などは、「就労期間」の状態が、引退後の年金や退職者医療、生活習慣、社会関係、健康状態、人生を大きく特徴づけます。

　ここでみておきたい第1点は、過去の労働、健康、所得、習慣、親族関係、社会関係などをさまざまな形で背負ってきていることです。上記一連の内容について、豊かさも貧しさも幸運も不運も、社会的不平等として蓄積され、現在の高齢期に引き継がれていることです。ときには現役期にはさほど問題にならなかったことが、時間差をもって出現することもあります。

　第2点は、高齢期は、人によって異なりますが、職、社会的地位、家庭内の地位、自らの健康、連れ合い、親族や親しい友人など、大切なものの喪失を多く経験することです。

4 生活の格差（不平等）と高齢者の孤立・生活問題の潜在化

1） 高齢期の生活の格差

　このように、高齢期は現役期の正と負の蓄積を引き継ぎますが、同時に生活の再設計を行う時期です。再設計にあたり、正と負の蓄積は**「生活の格差」**として厳然と現れます。それは、本人の生活力なども含む心身の状態、住居をはじめとした生活手段、家族関係、社会関係などに現れています。そこでそれが明白に現れている、老後の所得をみてみましょう。

　図1は『平成14年国民生活基礎調査』をもとに、高齢者世帯の所得金額階級別の相対度数を表した分布図です。「高齢者世帯」とは65歳以上の者のみ、またはこれに18歳未満の者が加わった世帯で推計約665万世帯、夫婦のみ世帯が約5割を占めます。また「所得」は公的年金・恩給のほか稼働所得、財産所得、仕送りなどを含むものですが、公的年金・恩給のみの世帯は約6割を占めます。これによれば、最頻値は14.3％を占める年額100～150万円、月額では8.3～12.5万円の階層です。この月額12.5万円は、70歳単身高齢者（住宅扶助は限度額の場合）の最低生活費とほぼ同額ですから、夫婦世帯が5割含まれることも考えれば最頻値

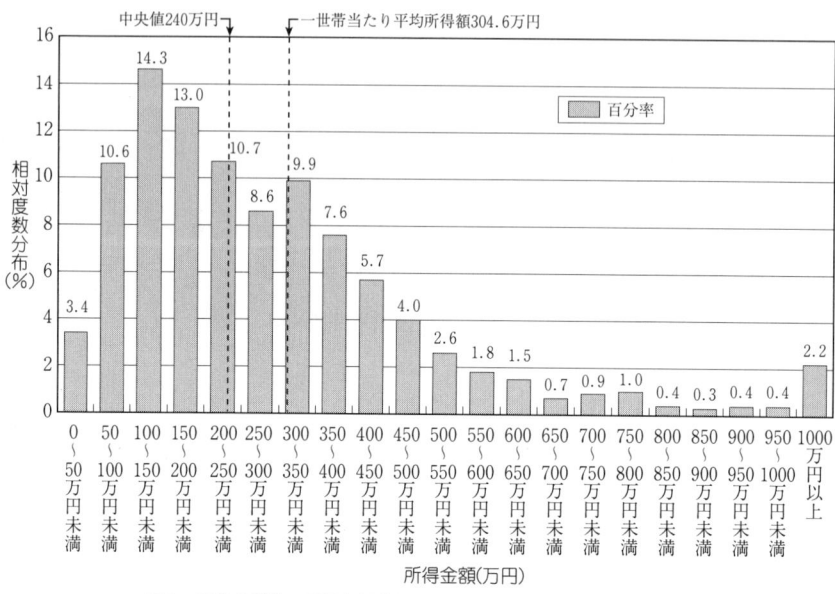

第Ⅱ編　福祉問題と支援を考える

図1　高齢者世帯の所得金額階級別世帯数の相対度数分布（2001年）

注：ここでいう「高齢者世帯」とは65歳以上の者のみで構成されるか、これに18歳未満の者が加わった世帯である。
　　ここでいう「所得」とは稼働所得、公的年金・恩給、財産所得、公的年金・恩給以外の社会保障給付金、仕送り、個人年金、その他の所得である。
　　稼働所得のうち、雇用者所得は給料・賃金・賞与の合計金額で、税金や社会保険料、現物支給（有価証券や食事の支給など）も含む金額である。稼働所得のうち、家庭内労働、農耕・畜産所得、家内労働所得は、事業、家庭内労働によって得た収入から必要経費を差し引いた金額である。
　　公的年金・恩給は、年金・恩給の各制度から支給された年金額（二つ以上の制度から受給している場合は、その合計金額）である。
出所：厚生労働省大臣官房統計情報部（2004）『平成14年国民生活基礎調査』128ページより筆者が作成。

の階層が明らかに生活保護基準以下の所得ということになります。しかし、同統計では一世帯当たりの平均所得を304.6万円（月額約25.4万円）としており、最頻値と平均値に大きな乖離があります。これは一部の高額所得者層が平均値を引き上げているものであって、高齢者生活の格差を如実に表しているということができます。

　高齢期の生活の格差は所得以外に、住居などの生活手段、家族・親族状況、近隣・知人関係など、表1で示した生活問題の要因が影響を与えています。私たちが高齢者の生活問題や社会福祉課題を考える際には、生活に格差（不平等）があることを注意し、平均値では考えられない層に着目しなければなりません。

2） 生活問題の潜在化の放置は社会的排除である

2節の事例のDさんのことを考えてみます。Dさんの室内は「ゴミの山」でしばらく入浴もしていない様子なのに「何も困っていない」と民生委員の訪問を拒んでいます。このように、身体機能はそれほど悪くないのに、生活意欲が低下して、室内状況、身体の清潔、食事内容などがきわめて貧困または悪化し、ときには「ドロドロ」の生活におちいっている高齢者は決してまれではありません。あまり知られていないのは、多くの場合閉じこもり、家から出ないため、外からは見えにくいのです。このように、衣食住と入浴や排泄などの生活行為の各局面に現れる生活の悪化であって、放置すれば人権をそこない生命の危険ももたらす深刻な生活の悪化は「**生活後退**」と呼ぶことができます（小川栄二 1998 参照）。

周囲の人々が気づかない場合や、本人が援助を拒否する場合、放置すると身体状況が悪化し、生命の危険も出てきます。最近のニュースでは高齢者の孤独死が急増しているといいます。しかし介護保険制度は「契約制度」ですから、保険原理としてはサービスを希望しない人には、サービスを提供することはありません。そうした場合、本来は自治体が対応すべきですが、自治体も介護保険制度ができてからは高齢者を援助する体制を縮小してしまい、対応のレベルが低下しています。

このように行政や周囲から問題が見えにくくなる状態は、この章の初めに述べた「**潜在化**」ということができますが、それを放置することはサービスからの社会的排除であることを忘れてはなりません。

3） 生活問題の潜在化を防ぐ地域の共同・ネットワークの必要性

サービスを「拒否」し閉じこもり孤立する高齢者には、契約を前提とした企業型サービスには限界があります。介護保険制度の保険原理、基礎構造改革の「措置」から「契約」への仕組みの変更は、制度になじまない高齢者を政策的に排除する側面をもっています。

潜在化を防ぐためには、地域住民、地域の事業者、社協（社会福祉協議会）などの共同とネットワークの力で支え合える活動を行うとともに、問題を顕在化させ、自治体が公的な社会福祉課題として取り上げるように働きかける取り組みが大切でしょう。

〔小川栄二〕

第Ⅱ編　福祉問題と支援を考える

引用文献
江口英一編著（1987）『生活分析から福祉へ』光生館．
岩田正美（1989）『老後生活費――今日と明日』法律文化社．
岩田正美ほか（1996）『在宅介護の費用問題』中央法規出版．
加藤薗子（1976）「現代市民社会の生活問題」古沢友吉ほか編『現代市民社会全書』同文館：153-158．
厚生労働省大臣官房統計情報部（2004）『平成14年国民生活基礎調査』厚生統計協会．
厚生省（1992）『厚生白書（平成4年版）』ぎょうせい．
厚生省（2000）『厚生白書（平成12年版）』ぎょうせい．
成瀬龍夫（1988）『生活様式の経済理論』御茶の水書房．
小川栄二（1998）「ホームヘルプ労働のあるべき姿と改善課題」河合克義編著『ホームヘルプの公的責任を考える』あけび書房．
真田是（1981）『現代社会問題の理論』青木書店．
副田義也（1993）「社会問題」森岡清美ほか編『新社会学辞典』有斐閣：661-662．

読者のための参考図書
唐鎌直義（2002）『日本の高齢者は本当に豊かか――転換期の社会保障を考えるために』萌文社．
　　政府統計などを駆使して、高齢者の生活格差、家計の状態、社会保障の充実の方向などを分かりやすく説明しています。
小笠原裕次編（2001）『新・セミナー介護福祉② 老人福祉論』ミネルヴァ書房．
　　現代の高齢者問題から介護保険制度、老人福祉サービスの内容と仕組みまで、初心者向けに分かりやすく解説してあります。
石川満ほか（2002）『自治体は高齢者介護にどう責任を持つのか――福祉事務所・ホームヘルパーと相談援助活動』萌文社．
　　介護保険制度が導入されて以降、制度になじまない高齢者にどう自治体は対応すべきなのか、自治体の撤退の現実と福祉労働者の取り組みを紹介しています。
篠崎次男ほか編著（2003）『社会サービスと協同のまちづくり』自治体研究社．
　　現在推進されている社会保障「構造改革」の現実と、介護分野、子育て分野、健康づくりの分野など各地で展開された、住民の共同と連帯の活動を紹介しています。

第7章 少年非行と福祉問題
──司法福祉という考え方──

> **キーワード** 少年非行、司法福祉、少年法、刑事未成年、家庭裁判所

1 少年非行とは何か

1) 司法福祉の視点から

　この章では**非行**について考えてみたいと思います。非行は毎日の新聞やテレビをにぎわしていますし、万引きをしたとか自転車を盗られたという形で、私たちの身近によく出会う出来事です。ですから、非行については誰でも何か言いたいことや言えることはあるのですが、この非行をどのような専門的、あるいは学問的視点から取り扱うかということをはっきりさせるのは、けっこう難しいことなのです。例えば法律学で非行を考えるのと、心理学で考えるのとは違います。ここでは社会福祉の一分野である、司法福祉という視点から考えてみたいと思います。

　司法福祉というのは、福祉に関する問題を、司法つまり裁判に関係のある仕組みを活用して解決しようとすることを考える分野です。社会で起こるほとんどの問題は裁判にかけることができますから、司法福祉の範囲もとても広いのです。そのなかでも非行というのはもともと裁判になる可能性の高いものですし、歴史的にも非行問題を中心に司法福祉が発展してきましたので、司法福祉は非行問題を得意な課題としています。なぜ非行に福祉という考え方を取り入れることが必要なのでしょうか。人は誰でもがその人のもっている力を十分に発揮して幸せに暮らす権利をもっています。そのことを支援するのが福祉であって、非行少年で

あれ、その被害を受けた人であれ、皆が幸せに生活できるようになることが必要だと考えるからです。この姿勢を明確に書き表したのが、**少年法**という法律です。

2） 中学生がたばこを吸ったら非行か

そこで突然の質問ですが、皆さんは非行をしたことはあるのでしょうか。過去からの自分のしてきたことを思い出してみてください。別に懺悔してほしいわけではありません。非行という行為を考えるためには、自分は何も間違いをしないという立場から考える方法もあるでしょうが、人の行為として、身近なものとして考える姿勢が大切だと思うからです。

人間はうまい具合に、自分に都合の悪いことがらについては記憶をゆがめたり、書き換えたりすることができるようで、昔のことを相当加工して思い出す人がいるかもしれません。でも、幼稚園のころに友達の靴を隠したことがある、小学校のころに友達をたたいたことがある、中学校で遊び半分にたばこを吸ったことがある、今朝急いでいて赤信号を無視して道路を横断したなど、いろいろなことを思い出しませんか。このような行為の一つ一つを非行ということができるでしょうか。

非行を研究するには、まず非行とは何かを明らかにすることが大切です。辞書を引いてみますと、「道義にはずれた行い。不正の行為」と「特に青少年の、法律や社会規範に反した行為」と書かれています。ようするに、非行とはよからぬことをするという意味で、特に青少年の行為に使われるということですから、中学生が遊び半分でたばこを吸うのは非行のようです。ですが、実はこの答えは分かれるのです。

3） 中学生が殺人を犯したら非行か

言葉の意味を考える方法として、似たものと比較するという方法があります。ここでは犯罪と比べてみましょう。中学生が人を刺し殺したらどうでしょうか。この行為は殺人ということになりますので、この行為は犯罪と考えられます。ところで、中学生の殺人について非行と考えるかどうかをアンケートで聞きますと、賛否はほぼ半分に分かれます。非行ではないという意見の中心は、殺人は凶悪な犯罪であり、非行などという甘っちょろい問題とはわけが違うという見解です。

なるほどと思うのですが、この考えの基礎には、非行と犯罪は別のものだという考え方と、犯罪は重いもので、非行は軽いというもう一つの考え方が入っていることになります。

犯罪もやや曖昧なところはありますが、非行よりははっきりしている面もあります。それは、犯罪とはどのようなものをいうかが法律上はっきりしているからです。刑法という犯罪の種別や刑罰の種類を定めた法律によれば、万引きしたら窃盗罪ですし、人を殴れば暴行罪、けがをさせれば傷害罪、殺せば殺人罪ということになっています。つまり、どういう行為をしたら罪になるかがはっきり定められていますし、その罪に応じた刑罰も定められています（**罪刑法定主義**）。窃盗罪は罰金ではなく最高10年の懲役になるとか、殺人は懲役3年以上か死刑だというような定められ方です。

4）少年法がいう非行は

非行については、こういう行為をしたら非行であるということが少年法3条に定められてはいるのです。そこでは、非行には次の3種類があるとされています。

① 犯罪少年
② 触法（しょくほう）少年
③ 虞犯（ぐはん）少年

5）犯罪少年

①の**犯罪少年**は、犯罪を犯した少年という意味です。犯罪は先ほども述べたように法律で決まっている行為ですから、はっきりしています。ただし、その行為を大人ではなく、少年が行った場合には非行になるということです。少年法でいう少年とは20歳未満の人を指しますから、未成年者は少年ということになります。女性でも少年です。ですから犯罪行為をした未成年者は犯罪少年ということです。

6）触法少年

②の触法というのは、「法に触れる」行為をした少年ということです。このことを理解するにも先ほどの刑法の知識が必要になります。刑法は14歳未満の少年が犯罪にあたる行為をしても、犯罪とは認めていないのです。年齢を理由に犯罪

を起こすことはできないので、未成年ということになるのですが、犯罪つまり刑法上の責任を追及される年齢ではないという意味で、14歳未満は**刑事未成年**と呼ばれます。ですから、幼児が他人の靴を隠しても、小学生が他人をたたいても犯罪とはしないのです。その区分を14歳で分けている理由は、今ではよく分かりませんが、刑法ができたのは明治時代で、当時の帝国議会では、わりあい議論なく通っているのです。外国の例にならったというような説明をしていますが、当時の考え方として14歳をすぎると働き始める子どもは多かったのですから、このあたりが大人と子どもの区別の一つの基準だったのでしょう。そういえば最近でも地域によっては、昔の元服にならって立志式などという名前で、大人になる儀式をするところもあります。大事なことは、法律で責任をとらせる年齢が決まっていて、その区分はなんらかの意味で子どもから大人になる時期だったということです。その面では、今の14歳というのは中途半端な年齢です。中学2年生ですから、まだ大人とはいえませんし、区切りとしても分かりにくいように思います。

　さて、このように14歳未満の少年は犯罪を犯すことはできないのですが、人を殺すとか、人のものを盗るといった犯罪と同じ行為をすることは十分考えられます。そんな場合でも、親や先生から注意されて二度とやらない子どもが多いでしょう。しかし、なかには何度注意されてもそのような行為を繰り返す子どももいます。そのような場合に、14歳未満だからと放っておくより何らかの対応をとる方がよい場合があります。そこで、犯罪ではなくとも、犯罪と同じ「法に触れる」行為をした少年という意味で、**触法少年**と呼んで何らかの対応をしようとするわけです。簡単にいえば、14歳未満で犯罪と同じ行為をした少年を、犯罪という言葉を使えないので触法少年と呼ぶわけです。

7）　虞犯少年

　③の**虞犯少年**の「虞」という字は、よくないことが起こるおそれという意味で、虞犯とは犯罪を起こすおそれがあるという意味です。つまり、まだ犯罪や触法にはなっていませんが、このままいけばそうなる可能性がある少年で、今のうちに何らかの対応をしようという場合ということになります。大人の場合、犯罪を行っていないのにおそれがあるからと処罰されることはないので、この虞犯という考え方は少年法の特徴のひとつということができます。

8） 刑事未成年（14歳未満）への対応

　触法少年と14歳未満の虞犯少年とは、従来は刑事未成年ということもあって最初から逮捕されたり家庭裁判所で裁判されたりすることは予定されていませんでした。14歳未満の児童はまず**児童相談所**という福祉機関で援助を検討されて、よほど福祉になじまない場合に児童相談所長の判断で**家庭裁判所**の裁判にまわるというように決められていたのです。しかし、最近は14歳でも大人と同じ責任をとらせろという論調から、警察が強く関与して、児童相談所の専門的判断を認めずに家庭裁判所に送り、これまで児童自立支援施設という福祉施設にしか入れられなかったこの年齢の子どもも、少年院に入れることができるように法律を変えようとしています。

　本来14歳未満は刑事上の責任を問わないということの背景には、単に幼いというだけではなくて、この時期の子どもが幸せに健全に育つようにする責任は大人や社会にあるということがあります。その大人が子どもの責任追及だけをするという姿勢をとることがあれば、それはあまりに無責任ではないでしょうか。

9） 少年法はおせっかいな法律

　よく少年法は甘いといわれます。しかし、犯罪少年だけではなく、年齢的には犯罪を行ったことにならない子どもや、まだ犯罪を犯していない子どもに、おそれがあるというだけで何らかの手を打つことができるという意味では、なかなか厳しい面もあるのです。

　大人の場合には、いくら生活が乱れていても、犯罪さえしなければ裁判所に呼び出されたり、施設に入れられるということはありません。しかし、少年は将来きっと悪いことをするかもしれないというだけで家庭裁判所に呼び出されたり、少年鑑別所や少年院に入れられたりすることがあるのです。これは実におせっかいなことですが、それは少年法が罰を与える法律ではなく、教育や福祉の考え方に基づいて、なるべく早く非行の芽をつみ、非行を繰り返させないという点に力点をおいた法律だからなのです。

2 少年非行の変化

1）明数と暗数

　近頃のニュースでは連日のように少年非行が取り上げられます。特にマスコミに登場する人たちは、口々に最近の若者の非行が増加したと主張します。この指摘は本当なのでしょうか。私たちが当たり前に信じている、非行全体は増えており、特に凶悪事件の増加は著しいという言説を信じるか信じないかによって、非行の見方はまったく変わってしまいます。

　犯罪や非行の数を議論するには、統計を使用することになります。学生が使う場合には警察庁の『警察白書』や法務省の『犯罪白書』などが中心になるでしょうし、まれには最高裁判所の『司法統計』などを使う場合もあります。しかし、これらの統計は、それぞれの機関の仕事に応じたデータの収集と分析がなされていて、本当の社会の姿を写しているとは限らないのです。

　例えば、路上駐車の多い道路を思い浮かべてください。道の両側にはいつも不法駐車の車が止まっています。そこに警察がやってくると駐車車両はあわてて移動されます。警察がその道路で取り締まった駐車違反の数を千台と発表したとして、その数が道路の不法駐車の状況を表しているでしょうか。実際はその何十倍も止まっているのではないでしょうか。ではこの千台という数字に意味はないのかというと、不法駐車の実態を表してはいませんが、千台以上の駐車があることと、警察ががんばって千台を検挙したということは読み取れるわけです。

　もしこの道路に１万台の不法駐車があり、そのうち千台が検挙されたとしますと、この明らかになった千台という数を明数と呼び、明らかになっておらずに隠れた九千台を暗数と呼ぶことがあります。もちろん暗数は誰にも分からない数ですが、非行の実態に迫るには、なんとか暗数を推定するような作業が必要になることもあり、その方法を考えることなどは、けっこう楽しい作業です。

2）戦後非行の統計

　表１は警察の統計を合成してつくった、戦後非行の変化です。この表からたくさんのことを読み取ることができます。まず、年度ごとの非行総数は1983（昭和

第 7 章 少年非行と福祉問題

表1 少年と成人の検挙状況および少年の殺人での検挙人員 (1946年〜2002年)

年 次	少年 検挙人員(A)	人口比	成人 検挙人員(B)	人口比	少年比 A/(A+B) (%)	少年の殺人検挙数
1946(昭21)年	111,790	669.3	333,694	838.0	25.1	249
1947(昭22)	104,829	613.9	354,510	838.8	22.8	216
1948(昭23)	124,836	725.4	425,704	983.5	22.7	354
1949(昭24)	131,916	769.0	453,412	1,024.4	22.5	344
1950(昭25)	158,426	917.5	458,297	1,013.8	25.7	369
1951(昭26)	166,433	948.6	452,602	979.0	26.9	448
1952(昭27)	143,247	804.9	432,605	912.9	24.9	393
1953(昭28)	126,097	700.8	421,453	868.3	23.0	383
1954(昭29)	120,413	657.8	419,376	842.6	22.3	411
1955(昭30)	121,753	671.4	437,104	859.6	21.8	345
1956(昭31)	127,421	713.8	427,192	820.7	23.0	324
1957(昭32)	144,506	785.3	430,255	809.2	25.1	313
1958(昭33)	155,373	811.3	420,893	775.7	27.0	366
1959(昭34)	176,899	883.1	417,455	755.8	29.8	422
1960(昭35)	196,682	967.6	413,565	737.9	32.2	438
1961(昭36)	216,456	1,058.3	422,430	737.0	33.9	448
1962(昭37)	220,749	1,081.3	406,925	694.3	35.2	343
1963(昭38)	229,717	1,130.4	432,298	721.7	34.7	393
1964(昭39)	238,830	1,190.4	488,080	797.1	32.9	361
1965(昭40)	234,959	1,172.7	515,963	828.8	31.3	370
1966(昭41)	226,203	1,121.1	547,866	868.4	29.2	368
1967(昭42)	215,477	1,111.3	617,984	954.4	25.9	343
1968(昭43)	218,950	1,181.9	734,819	1,104.6	23.0	286
1969(昭44)	218,458	1,236.1	812,952	1,189.6	21.2	265
1970(昭45)	224,943	1,329.3	883,254	1,264.8	20.3	198
1971(昭46)	214,799	1,304.2	845,590	1,188.0	20.3	149
1972(昭47)	198,441	1,213.1	814,394	1,116.2	19.6	149
1973(昭48)	202,297	1,250.8	767,778	1,036.2	20.9	111
1974(昭49)	198,763	1,231.9	689,787	918.2	22.4	102
1975(昭50)	196,974	1,213.6	668,802	871.7	22.8	95
1976(昭51)	194,024	1,208.6	671,229	864.0	22.4	80
1977(昭52)	197,909	1,208.9	659,747	840.0	23.1	77
1978(昭53)	224,095	1,347.6	660,361	831.2	25.3	91
1979(昭54)	233,292	1,381.9	648,722	806.8	26.4	97
1980(昭55)	269,769	1,565.5	653,958	805.3	29.2	49
1981(昭56)	303,915	1,721.7	668,634	814.1	31.2	60
1982(昭57)	310,828	1,718.6	699,149	842.1	30.8	86
1983(昭58)	317,438	1,715.0	710,957	846.8	30.9	87
1984(昭59)	301,252	1,597.4	715,986	843.3	29.6	76
1985(昭60)	304,088	1,598.6	722,296	839.9	29.6	100
1986(昭61)	292,290	1,505.6	725,510	836.5	28.7	96
1987(昭62)	289,196	1,498.6	735,521	837.4	28.2	79
1988(昭63)	292,902	1,529.8	733,886	825.4	28.5	82
1989(平元)	264,678	1,401.7	704,107	782.1	27.3	118
1990(平2)	244,122	1,317.2	683,688	753.0	26.3	71
1991(平3)	236,224	1,302.7	690,233	748.3	25.5	77
1992(平4)	215,148	1,221.1	731,090	782.2	22.7	82
1993(平5)	211,376	1,239.2	772,267	815.8	21.5	75
1994(平6)	201,837	1,222.5	796,132	831.5	20.2	77
1995(平7)	193,308	1,205.5	799,759	825.6	19.5	80
1996(平8)	196,448	1,261.0	806,069	823.1	19.6	97
1997(平9)	215,629	1,420.4	767,956	777.3	22.4	75
1998(平10)	221,410	1,497.0	812,299	815.4	19.9	117
1999(平11)	201,826	1,400.0	900,163	898.2	17.7	111
2000(平12)	193,260	1,377.0	987,359	980.1	16.4	105
2001(平13)	198,939	1,448.6	1,017,025	1,000.4	16.4	109
2002(平14)	202,417	1,506.2	1,037,624	1,015.9	16.3	83

出所：法務省編（2003）『犯罪白書（平成15年版）』に基づき作成。少年の人口比は、10歳から20歳までの人口10万人に対する検挙数。成人の人口比は、20歳以上の人口10万人に対する検挙数。

58）年頃が最高で30万件程度ですが、最近は20万件くらいで、最高時の3分の2程度であることが分かります。戦後の非行のピークを三つあげるなら、1951（昭和26）年頃と、1964（昭和39）年頃、それに1983（昭和58）年頃で、それぞれ「非行の第1ピーク」「第2ピーク」「第3ピーク」というように呼んでいます。警察は最近の状況を「第4のピーク」と呼ぼうとしていますが、ちょっと無理があるようにも思えます。

3）非行の三つのピーク

　非行の第1ピークは1951（昭和26）年頃で、戦後の混乱期にあたり、親もなく食べるものもないという、貧しい状況下で行われたものです。ですから貧しさからの非行、食うための非行と呼ばれることもあります。

　第2ピークは1964（昭和39）年頃です。高度経済成長の象徴である名神高速道路や東海道新幹線が開通し、東京オリンピックが開催され、敗戦国日本が国際社会に再登場できた時期でした。都市化がすすみ、核家族が増えるなど社会変動がいちじるしい一方で、貧富の差も大きくなり、目的をもてない若者たちは集団非行に走る傾向も強くなりました。愚連隊と呼ばれる暴力集団もはびこり、「性・暴・集」と呼ばれる、性非行、暴力非行、集団非行が特徴的な時期でした。

　第3のピークは1983（昭和58）年頃で、非常に大きな山になりました。ほとんどの子どもたちが高校に進学するようになった一方で、生徒が暴れて中学校の卒業式ができなくなるなどの状況もみられました。遊び型非行や初発型非行と呼ばれる比較的軽いとされる非行を、どの子でも起こすことがありうるとして、**非行の一般化**などと呼ばれることもありました。

4）凶悪事件は

　統計上で凶悪事件とは、殺人、強姦、放火、強盗を指します。そのうち殺人は、1951（昭和26）年と1961（昭和36）年に448件と偶然同じ数となり、その2回が戦後のピークでしたが、最近はだいたい100件前後であることが読み取れます。ピークの4分の1以下ということです。殺人は少年でも年齢の高い人が犯す場合が多いですから、例えば1951年に18歳くらいなら、1933（昭和8）年前後の生まれ、1961年は1943（昭和18）年という戦争中の生まれの人ということになります。

皆さんのおじいさんの世代でしょうか。この世代の人々の中には、社会のリーダーとなっている人も多く、彼らが今の若者はひどいと嘆くことも多いのですが、少なくとも殺人に関して、今の若者がおじいさん世代に文句を言われる筋合いはないという状況です。

しかし、最近の統計は凶悪事件が増加していることになっています。その理由は強盗が統計的にやや増えているからです。もっとも強盗は取締り姿勢によって数的に変化する余地の多い犯罪であるという点を知っておくことは大切です。また、統計的にはこのような傾向を示しているのに、多くの人たちは若者の犯罪は増えており、凶悪化しているという印象を持ち続けているという点も興味深いものです。

3 非行からの立ち直りを支援する

1） 非行の原因を考える

非行が深刻な状況であるというのは、数的にはやや無理があるようです。しかし、非行の内容や子どもの抱える課題など、質的な面ではなかなか大変な状況にあることが指摘されています。たしかにマスコミ報道をみても、どうしたら防ぐことができるか分からない事件がよく紹介されます。

非行について多くの人は、しつけがされておらず、甘やかされていたからだと考える傾向が強いようです。しかし、本当にそうでしょうか。最近マスコミで大きく取り上げられた少年を想像してみてください。たしかに甘やかされた非行少年もいます。しかし、それよりも多いのは、小さいときから苦労をしたり、親から愛情という栄養をもらえずに育った人たちです。非行少年の入る施設の入所者の6割以上が児童虐待を受けていると報告されています。このような大変な生活を送ってきた非行少年を援助するには、その多様な原因を明らかにして、一番有効な手だてを講じることが求められるのです。

2） 家庭裁判所と米国子ども裁判所

非行について、最初の専門的対応システムは、1899年に米国イリノイ州に設けられた**子ども裁判所**だとされています。ここでは、非行を犯した子どもたちを単

純に罰するだけでは非行はもっとひどくなるので、一人一人の非行原因を明らかにして、それに基づいた個別の対応を行うという専門の裁判所でした。非行原因を探るための鑑別所も設けられていました。

このシカゴの子ども裁判所を一つの手本として、戦前の日本にも少年審判所がつくられました。そして、戦後は家庭裁判所へと発展したのです。この非行を支援する仕組みについてもなかなか奥深い歴史があります。その歴史を調べてみますと、非行には罰を厳しくしようなどという単純な対応ではすまないという課題や、非行を生み出さないいろいろな工夫も考えられてきました。そこでは、処罰するだけではなく、立ち直りを支援したり、非行少年を生み出さないために、社会福祉ができることが非常に大きいことが、次第に明らかになりました。

また、非行で忘れてはならないのは、被害者のことです。被害者の立場は、非行の被害だけでなく、その後も困難な生活を強いられる場合が多く、しかも社会からは忘れ去られるという過酷なものでした。このような**被害者の支援**を考えるのも重要な課題です。

〔野田正人〕

読者のための参考図書

加藤幸雄・野田正人・赤羽忠之編著(1994)『司法福祉の焦点』ミネルヴァ書房。
　　司法福祉のうち特に少年保護分野の論点を総合的に検討した基本文献です。発刊後に少年法が改定されていますが、論点としては現在に共通する課題を取り上げています。

村尾泰弘・廣井亮一編(2004)『よくわかる司法福祉』ミネルヴァ書房。
　　多くの執筆者により、少年非行だけでなく家庭事件全体、特に離婚などの家事事件についても扱われ、成年後見制度や離婚裁判に関する人事訴訟法などの変更が福祉の視点から記述されています。

第8章
不登校（登校拒否）問題
―― どうとらえ、どう取り組むか ――

キーワード 不登校、能力主義競争、「高速道路」化、自己肯定感、親の会

1 「不登校」問題の推移と原因論の変遷

1）「不登校」問題の登場

不登校」の登場は1942年にアメリカの児童精神科医ジョンソン（A. M. Johnson）らによって、ある種の不登校の子どもたちが「学校恐怖症」（School-phobia）と名付けられ公表されたときに始まります。

「不登校」が「学校恐怖症」と名付けられ登場するまでは、それは「適当な理由なしの欠席をする子ども」「合法的でない欠席をする子ども」＝怠学児としてとらえられていました。しかし、よく調べてみると、怠学とみられていた子どもたちの中に、理由のよくわからない不安や恐怖によって、登校不能に陥っている子どもたちが混じっていたのです。ジョンソンはそのような不登校の原因を幼児期の早期に解消されなかった母子間の愛着や依存の問題、その結果として起こる神経症的な不安に求めました（**分離不安説**）。

一方、わが国ではこのような不安や緊張、身体症状を現して登校できない子どもたちが専門家の目に留まり始めたのが、1950年代の終わり頃からです。以来、このような子どもたちの問題は「学校恐怖症」「登校拒否」「学校嫌い」「不登校」などと関係者によってさまざまな呼び方をされながら、1960年代の高度経済成長の時代を経て増え続けてきました。それとともに、「不登校」をどうとらえるか、その原因についての考え方もいくつかの変遷を遂げてきたのです。

2）「不登校」論の変遷

　当初はわが国でもジョンソンの考え方の影響を受けて、幼児期の母子の未解決な依存関係に基づく神経症的な不安によって不登校になるのだという「分離不安説」が中心でした。この「分離不安説」は不登校の発生要因として社会的なもの（教育体制など）を無視する傾向と子どもの処遇の場を教育・行政サイドから病院に移すという結果をもたらしました。こうした傾向は今日においても、少なくとも一部には根強く残っているようです。

　しかし、やがてこのような「分離不安説」に対して、例えば、①分離不安が発症要因であるならば、年齢が低ければ低いほど出現頻度が高くなるはずなのに、そのことは実証されていない、②分離不安説が正しいならば、子どもは生活全般にわたって母親から離れられないはずなのに、実態は学校に行くとき以外分離の困難を示さない、などの疑問が出てきました。

　そして、人前で失敗して恥をかくかもしれないという恐れが大きく、些細な失敗に不安や劣等感を感じて、学校状況が強い緊張の場となり、そこから逃避する形で不登校になるという新しい考え方（**自己像脅威説**）や、欲求不満耐性や自主性を担う自我の未成熟さに原因を求める考え方（**自我未成熟説**）などが現れました。

　こうした説はいずれにしても、主に子どもの性格や親子関係に原因を求める説だといってよいでしょう。ところが、1970年代の半ば以降、不登校が急激な勢いで増え始め、必ずしも神経症的な不安による不登校とはいえないような子どもたちの姿も目立ちはじめました。そうした状況を反映して、学校や社会の状況を視野に入れて、「不登校」の原因を考える説が登場してきたのです。

　例えば、悪いものを食べたら、下痢や嘔吐によって、自分を防衛する反応が生じるように、学校の管理主義的な締めつけや「いじめ」に代表されるような人間関係の歪みなどの悪しき学校状況への「拒否反応」が「不登校」になって生じるのだという説（**学校病理説**）が現れました。さらに今日、デートのために残業を断るなどのように、人々の行為や生活様式が公的規範や伝統的様式から離れてより私的な欲求の充足に向かう「私事化」傾向が強まっており、そうした社会の流れに乗った現象として「不登校」をとらえる社会学の立場からの説も登場しています。

第8章　不登校（登校拒否）問題

2　今日の「不登校」問題をどうとらえるのか

1）「不登校」の原因は何なのか

　以上のような「不登校」論（**成因論**）の中で、今日どの説がもっとも妥当な正しい説なのか、このことを考えるときに精神科医の滝川一廣（1998）の論がとても参考になります。

　滝川は成因論に関する問題の所在を明らかにするために、たとえ話を示します。例えば交通事故はなぜ増加するのか、という問題です。個々の交通事故を調査すれば、運転者のスピードの出し過ぎや前方不注意、無理な追い越しなどの何らかの原因が見つかるかもしれません。しかしそれは社会全体の現象として年々交通事故が増えることの本質的な原因と考えることはできません。社会総体でとらえるかぎり、増加を続ける自動車台数と交通密度増大こそが、事故多発の真の原因だと考えられるというわけです。

　この見方にたてば、交通事故多発の真因は「交通過密状態」にあり、個々の事故の原因である「スピードの出し過ぎ」や「前方不注意」は事故のきっかけとなる誘因と見なすことができます。これと同様に「不登校」の原因を考えれば、いったいどうなるのでしょうか。

2）1970年代の半ば以降、なぜ急激に「不登校」が増えたのか

　文部省の調査結果（学校基本調査）によれば、「学校ぎらい」を理由に1年間に50日以上欠席した者の数は、1966（昭和41）年の調査開始以来やや減少してきており、それが1973（昭和48）年から1976（昭和51）年にかけての頃を底にしてまた急激な増加に転じています。1973年では小学校で3,017人、中学校で7,880人であったのが1989（平成元）年には小学校で7,178人と2倍以上に増え、中学校では40,080人と5倍以上に増えています。

　なぜこのような推移がみられたのでしょうか。子どもの性格や親子関係、自我の未成熟さなどに原因を求める説にのっとれば、1970年代半ば以降、急激に子どもの性格や親子関係、自我成熟の状態に変化がみられたということになりますが、そういうことは考えにくいのです。

1973（昭和48）年はいうまでもなく、オイルショックの年であり、この期を境に日本経済は高度成長の時代を終わり、低成長の時代に転じました。教育学者の乾彰夫（1990）は1975（昭和50）年前後を青年の進路選択をめぐる状況の転換期として設定しています。すなわち、この時期に一般マスコミを中心に「受験フィーバー」ともいうべき状況が現れたのです。そのことは「入試対策」や「大学難易度」など、従来であれば受験雑誌にかぎられていた類の記事が一般大衆週刊誌にまで登場するようになったことなどに現れています。

　ではこの競争圧力の上昇は何によってもたらされたのか、それを乾に従ってみてみましょう。1973年のオイルショックから生じた不況を乗り越えるための大企業を中心とした「減量経営」の影響が1975年前後から本格的に現れ始め、76年3月卒業者への求人数は前年比マイナス40％、求人倍率は2.2倍と74年のほぼ半分近くまで低下しているのです。こうした状況は大学入試競争への圧力を高めるには十分な条件であったといえます。

　さらに大量の配転、出向、一時休業、希望退職者募集といった雇用調整策の広がりは新規学卒労働市場への直接的影響の現れ以上に、社会的な不安意識を生み、競争意識を駆り立てることになります。特に中高年の雇用不安が広がったことは、ちょうど自らが中高年層にさしかかっている中・高校生の親世代を刺激したのです。すなわち親たちの企業内での「生き残り競争」とその子どもたちの受験競争という二つの「**能力主義競争**」の激化の進行がこの時期に生じたといえるのです。

　このような排他的な「生き残り競争」の様相を呈する競争の激化が学校の状況や子育てに少なからぬ影響を与え、そのことが子どもたちの「不登校」の急激な増加に結びついていると十分に考えられます。そのことを考慮の他において、1973年前後まで一時期減少してきていた「不登校」の子どもの数がこの時期を境に一転して急激な上昇を続けることの説明はできないように思います。

3）　子どもの生活の「高速道路」化

　筆者はちょうど1970年代半ばに「不登校」が急増しはじめたときから、「不登校」問題にカウンセラーとして、また研究者として心理臨床の立場から取り組みはじめました。

多くの「不登校」の子ども、その親あるいは教師の相談に携わってきました。そのなかで筆者の目に見えてきたのは、まるで「高速道路」のような子どもたちの生活でした。

　1970年代の半ば以降、先述のように社会の「競争原理」が強まり、そのあおりをくった教育・子育ても「競争原理」の影を色濃く帯びるようになりました。そのことが子どもの生活に「高速（拘束）道路」のような様相を強めさせたのです。高速道路の特徴は自分のペースで走れないことです。前後左右車がビュンビュン飛ばしています。その流れに乗って走らなければならない。しんどくてもスピードを緩められません。四六時中、神経を緊張させて走り続けます。それに耐えられなくなると、本線から離れ、ドライブインに入り、一服して体勢を立て直します。多くの「不登校」の子どもとつき合いながら、筆者の目には彼らの姿が、「高速道路」を走る車と全くダブって見えてきたのです。

　「高速道路」を走るような生活のなかで、「もうこれ以上同じペースで走っていると、自分が自分でなくなってしまいそう」と感じるところまで追い込まれる子どもたちが増えてきました。その子どもたちの中から、いったん「高速道路」から外れて、「自分を取り戻す」仕事をしないともう一歩も前に進めないという子どもたちが「不登校」になっていったのです。だから、「不登校」は基本的に子どもたちが「自分を取り戻す」仕事をするときなのだと筆者はとらえてきました。

　こうした見方にたてば、「不登校」の増加の真因は、社会のおける「競争原理」の強まりと、それにあおられた子どもの生活の「高速道路」化にあるといえます。そして、個々の「不登校」の直接のきっかけとなる友達や教師との人間関係、成績、性格、家庭環境などは「不登校」をもたらす誘因だと考えられます。

3 「不登校」問題の解決と「不登校」の子どもへの対応・援助のあり方

1） 社会的な解決と個別の子どもや親への援助の必要性

　「不登校」問題の真因と誘因とを以上のようにとらえると、その問題の解決のためには、社会の「競争原理」の弊害や「高速道路」のような生活のあり方を改善していく社会的なレベルでの運動や取り組みが必要になります。それと同時に、いま目の前で苦しんでいる「不登校」の子どもや親への援助が必要です。

第Ⅱ編　福祉問題と支援を考える

　真因が競争原理に支配された社会にあるとしても、いま目の前で苦しんでいる子どもに、「社会がよくなるまで、待っていなさい」と言うわけにはいきません。だから、マクロな立場での社会や教育のあり方を改善する取り組みと、ミクロな立場で具体的な個々の子どもや親を援助する取り組みとを両輪のようにして回していく必要があるのです。

２）「不登校」の子どもへの援助のあり方

　「不登校」は「高速道路」のような生活を基盤にして、学校と本人との間に不適応が生じる結果生じます。その直接のきっかけは、勉強であったり、給食であったり、人間関係であったり、クラブ活動であったり、子どもによってさまざまです。そこに生じる問題を解決できないと、心に緊張・不安が高まっていき、それが心の許容範囲を超え始めると心理的な緊張を防衛するために、学校場面からの退却が生じるのです。

　学校場面から退却すれば、不安・緊張がおさまるかといえばそうではありません。新たな負担が心にのしかかります。「みんな学校に行っているのに、自分だけ行けない。情けない。自分は弱い、ダメな子だ」「親や先生の期待を裏切って申し訳ない」という自己否定感や負い目であり、罪悪感です。当初子ども心は、そういう負い目や罪悪感に耐えるのに、精一杯の状態で、引きつっています。だから、まず必要な援助はそうした自己否定感、負い目、罪悪感から子どもを解放する援助です。少なくとも、負い目や罪悪感を強化するような働きかけはしないということが必要です。

　不登校状態の子どもが元気になっていくのを援助する仕事は、調子の悪くなったテレビを直すような仕事ではありません。少なくとも、２点において異なります。一つは、テレビを直すときには、テレビは直される受け身の客体でしかないが、「不登校」の子どもの場合は、彼（彼女）自身が自分で自分を「治して」いく主体なのです。親や教師や専門家はそれを脇から援助できるだけです。

　二つは、テレビを直す場合には、原因が分からなければ直せません。しかし、不登校の場合は、原因が分からなくても、彼（彼女）が元気になっていくのを手伝うことはできるのです。原因が分からないとどうしようもないと考えて、原因を詮索すると、かえって子どもを追いつめることが少なくありません。

子どもが自分で自分を「治し」元気になっていくのを援助するのに依拠するものは、自己回復力です。「自分が自分であって大丈夫」という「**自己肯定感**」がふくらむように援助することが最大のポイントです。

　ここでいう、「自己肯定感」は人に比べて優越したり、人に自慢できるところがあるから、自分を肯定するという類のものではありません。自分にはダメなところ、弱いところ、欠点があるけれど、そういう自分がここに存在して生きていることはいいことなんだと肯定する、存在レベルでの肯定感です。それは、親をはじめとする重要な他者によって「ありのままの自分」が受容される、共感的な人間関係のなかでふくらんでくるものです。

　ここまでが、多くの「不登校」の子どもが元気になっていくうえで、共通するプロセスであります。それ以降、各人のもつ課題に即した、心理・教育的な指導・援助が考察され、進められていくことになります。

3）　親への対応・援助

　不登校の子どもへの援助に際しては、彼らが家に引きこもっていることが多いことからも、特に彼らと日常的に接する親への援助がとても重要な課題となります。親が安定した心で子どもと接することができるように援助し、支えることが決定的に大切です。

　親が子どもの問題に遭遇し、不安、動揺から立ち直り、子どもとしっかりと向き合い、自分とも向き合い、親としての成長を遂げていけるように援助することが求められます。

　その際、専門家による個々の親への心理臨床的な、あるいは教育相談的な援助と同時に、各地にできている「**親の会**」との連携もとても大切な意義をもちます。

　セルフ・ヘルプグループとしての不登校の子どもの「親の会」が今日のように各地にできはじめたのは、高々この十数年ぐらいの間のことです。それ以前は、子どもが不登校になれば、多くの親が、わが子を情けない「ダメな子」と否定し、返す刀でそういう「ダメな子」を育てた「ダメな親」と自分を責め、親戚・知人にも相談できず、「ダメな子」と「ダメな親」が肩身の狭い想いをして、身を潜めるようにして苦しんでいた状況がありました。

　そういう状況のなかでは、親は学校社会から脱落した孤立感や疎外感を感じ、

自分を「ダメな親」にしてしまった「ダメな子」を受け容れることができません。そして親に受け容れられない子どもは、自分を否定し、自分を責め続けて「自分が自分であって大丈夫」という自己肯定感もふくらまず、なかなか元気になれなかったのです。

　ところが今日では、子どもが「不登校」になっても、「うちの子、学校に行かれへんねん」と周囲に訴え、「親の会」に参加し、同じ当事者同士で苦しみを分かち合えます。親自身が自分のしんどさ、辛さ、ダメさ、弱さをありのままにさらけ出し、それを同じ苦しみをもつ仲間に受け容れられる体験をするなかで孤立感から解放され、「こんな親であっても大丈夫」と自己肯定感をふくらませ、その心でわが子をありのままに受け容れられるようになっていくのです。

　そういう「親の会」が増えてきたのは、「親の会」のもつこのような意義が広く認識されるようになってきたことが一番の原因でしょうが、それと同時に家族や近隣などの助け合いシステムが崩壊し機能しにくくなってきたこと、相談できる専門的機関などが少なかったこと、あるいはあっても適切な援助を得られなかったこと、教育問題に対する親自身の意識が高まってきたことなど、種々の要因が考えられます。

　今日では「親の会」あるいはその活動は、文部科学省をはじめ教育行政やこの問題にかかわる教師や専門家からも認知されるようになってきています。そして、この問題を解決していくうえで無視できない連携の対象としてさえ考えられるようになっているのです。

〔高垣忠一郎〕

引用文献
乾彰夫（1990）『日本の教育と企業社会』大月書店。
滝川一廣（1998）「『なぜ？』を考える（成因論）」門眞一郎・高岡健・滝川一廣『不登校を解く――三人の精神科医からの提案』ミネルヴァ書房。

読者のための参考図書
高垣忠一郎（2002）『共に待つ心たち――登校拒否・ひきこもりを語る』かもがわ出版。
　「登校拒否を克服する会」（不登校児の親の会）で語った筆者の講演集。不登校をどう理解するかをいろいろな角度からわかりやすく語っています。
高垣忠一郎・春日井敏之（2004）『不登校支援ネットワーク』かもがわ出版。
　学校教師やスクールカウンセラー、青年ボランティアや「親の会」、地域の「居場所」での取り組みなど、京都における不登校への多様な取り組みのネットワークを紹介しています。
高垣忠一郎（2004）『生きることと自己肯定感』新日本出版社。

第 8 章　不登校（登校拒否）問題

「自己肯定感」を切り口に、今日の子どもの問題を論じています。「心の教育」「心のノート」など上からの施策が、問題の解決につながるのか、「憲法」や「教育基本法」をめぐる日本の動きと絡めて考えるたたき台を提供しています。

第9章
子ども虐待・援助の現状
──児童相談所の実態と課題を中心に──

> **キーワード** 子ども虐待、児童相談所、児童福祉司、親への援助、地球ネットワーク

1 子どもの虐待とは

1） 子どもの虐待とは何か

　新聞やテレビなどのマスメディアを通じて、虐待関連のニュースが連日のように報道されており、子どもの虐待への社会的関心が高まっています。歴史的にみれば、わが国ではすでに1933（昭和8）年に「児童虐待防止法」が制定されており、親が子どもを虐待する恐れがあることはすでに把握されていたのです。
　しかし、当時の法律は、満15歳までを対象とし、児童労働の禁止などが主な目的であったため、親のしつけと称する虐待行為について社会的に注目されることはありませんでした。子どもの人権よりも親権が重視されていたことや、体罰やお灸をすえることなどはしつけのために許されるといった風潮があったことも影響していると思われます。子どもの虐待は、子どもの人権を尊重する社会になって初めて、社会問題として扱われるようになったのです。
　今日、**子どもの虐待**とは、親または親に代わって子どもを育てている者などが、子どもの心身を傷つけ、成長、発達を損なう行為であると定義されています。また、虐待の種類は、身体的虐待、性的虐待、ネグレクト、心理的虐待の四つに分類されています。しかし、こうした虐待についての理解や認識が広まっているとはいえ、子どもへ暴力を振るい、傷を負わせるようなむごい行為を、イメージする人が多いようです。子どもへの虐待を指摘された親たちの多くもそう思って

おり、「殴っていないから虐待ではない」と反論する人もいます。

なお、子どもを虐待している親は「子どもを愛している」「この子がいなければ生きていけない」「この子のためを思って」といったことをよく言います。愛情があれば、たとえ厳しいしつけであっても虐待ではないと思うようです。しかし、虐待であるかどうかという判断には、親の愛情の有無や気持ち、思いは関係ないのです。親がよかれと思ってしたことでも、結果的に子どもの成長、発達を阻害するような行為は虐待だと理解することが大切です。

子どもの基本的なニーズが満たされているかどうか、子どもの安全や安心が保障されているかどうか、子どもの意思が尊重されているかどうか、子どもの視点で虐待かどうかの判断を行うことが大切なのです。

さらに、子どもの虐待は親からの子どもへの権利侵害であるという見方が大切です。2000年5月に制定された「児童虐待の防止等に関する法律」は2004年4月に改正（2004年10月施行）され、児童虐待とは「児童の人権を著しく侵害」する行為（1条）であることが明記されました。

法律による虐待の定義は以下のようになります。今回、**ネグレクト**と**心理的虐待**について下線の部分が新たに付け加えられました。つまり、同居人の虐待行為を黙認したり、放置することは親によるネグレクトと見なすことが定められました。また、ドメスティック・バイオレンスを目撃することは心理的虐待になることが明らかにされたのです。

児童虐待の防止等に関する法律第2条（2004年改正）

一　児童の身体に外傷が生じ、又は生じるおそれのある暴行を加えること。
二　児童にわいせつな行為をすること又は児童をしてわいせつな行為をさせること。
三　児童の心身の正常な発達を妨げるような著しい減食又は長時間の放置、<u>保護者以外の同居人による前二号又は次号に掲げる行為と同様の行為の放置</u>その他の保護者としての監護を著しく怠ること。
四　児童に対する著しい暴言又は著しく拒絶的な対応、<u>児童が同居する家庭における配偶者に対する暴力（配偶者（婚姻の届出をしていないが、事実上婚姻関係と同様の事情にある者を含む。）の身体に対する不法な攻撃であって生命又は身体に危害を及ぼすもの及びこれに準ずる心身に有害な影響を及ぼす言動をいう。）その他の児童に著しい心理的外傷を与える言動</u>を行うこと。

このように、虐待についての理解が深まるにつれて、定義も変化していきます。今後は、どのような行為を虐待というのか、またどの程度から虐待といえるのかといったことをより明らかにすることが課題でしょう。なお、虐待についての人々の理解を促すことが早期発見や予防にもつながります。

例えば、心理的虐待とは、「お前を生まなければ良かった」とか「お前はだめな子だ」と言葉で傷つけることや、子どもを無視する行為なども含むという指摘があります。今後その理解が広がっていくと、子育てをしている多くの親にとっても虐待は無縁ではないことに気付く人が増えるでしょう。

ネグレクトに関しては、子どもへのケアが十分になされていない状況だと理解し、早期からの支援を行うことが必要です。性的虐待については、その多くは潜在化しており、発見や支援が困難な状況が続いています。

2） 虐待はなぜ起こるのだろう

今日、虐待発生のメカニズムや予防、その対策に関する膨大な研究がなされています。貧困が最大の要因であることを指摘する研究や社会病理、家族病理として解明する研究もあります。社会学、医学、看護学、法学、教育学、心理学、社会福祉学などのさまざまな分野で、この問題は論じられています。

これまでの研究から、虐待は多くの要因が複雑に絡み合って起こることが明らかになってきていますが、精神医学、心理臨床、児童福祉の実践家たちは、子どもの性格や行動面での悩み、夫婦の不和などの生活ストレス、社会的孤立、親自身の生育史に起因する問題などが重なり、親の内的危機状況が高まったときに虐待が発生しやすくなるという説明をしています（**表1**参照）。特に、次ページに掲げるような家族は、虐待が生じるリスクが高くなるといわれています。もちろん、これは仮説なので、それぞれの事例に即して、個別の事情を把握し、理解を深めることが求められています。

表1　家庭内虐待調査にみる家庭の状況
（1997年度、複数回答）

家庭の状況	率
経済的困難	44.6%
親族、近隣等から孤立	40.4%
夫婦不和	28.6%
一人親家庭	27.8%
育児に拒否感	24.6%
就労の不安定	24.2%
育児疲れ	21.8%

出所：「全国児童相談所における家庭内虐待調査」（1997年度全国児童相談所所長会による調査）。

第 ❾ 章　子ども虐待・援助の現状

ハイリスク家族の特徴

① 親自身が愛情ある世話を受けることが乏しいなかで育つ。
② 自己評価が低く、被害感情を持ちやすい。
③ 子どもに対する認知的な歪み。
④ 育児知識、技術が乏しい。
⑤ 望まない妊娠、出産。
⑥ 家族の中に多様な生活ストレス（経済的困窮、失業、職業上のストレス、家族内葛藤など）がある。
⑦ 夫の家事、育児への非協力や夫婦関係の問題（不和、別居など）がある。
⑧ 親族や社会的サポートの欠如による孤立。
⑨ 子ども自身の誘因として、未熟児、双生児、発達の障害や過敏傾向など育てにくい問題がある。

3）取り組みの経過

　欧米諸国では、1970年代にすでに社会問題化し、親の意に反してでも子どもを親から分離するための法的整備が進みました。1980年代になると、親への治療、援助の試みが始まりましたが、従来の方法ではあまり効果が見られず、親の生活支援を行うなどソーシャルワークの重要性が認識されるようになっています。

　わが国では、1980年代から、保健、医療、福祉、法学関係者による問題提起がなされるようになりました。1990年代になると、東京、大阪、名古屋で民間団体による活動や電話相談が始まり、1996年には「日本子どもの虐待防止研究会」が発足し、学際的な研究や連携が推進されるようになってきました。

　2000年5月に「児童虐待の防止等に関する法律」が制定され、社会全体でこの問題に取り組むことの重要性がようやく広く国民にも認識されるようになってきています。

　現在、さまざまな機関や施設で、精一杯の努力がなされていますが、ますます深刻化する虐待問題に対して、施策や対応が追いつかない状況です。法的な権限に基づく対応が行われる中心的な機関である児童相談所は、2000年以降急増した虐待への対応に追われ、限界状況での取り組みを余儀なくされています。そこで、児童相談所の実態と役割についてさらに詳しくみていきたいと思います。

2 児童相談所の虐待相談の実態

1） 急増する虐待ケースへの対応に追われる現場

　ここ数年、予想以上に虐待が表面化してきたため、**児童相談所**の相談援助の体制が不十分なまま緊急対応を余儀なくされています（**図1参照**）。虐待通告がなされると、子どもの安全確認や情報収集を行うなど、ただちに行動しなければなりません。家庭以外に、保育所や学校、病院などで子どもと面接したり、関係機関、施設との連絡調整に奔走し、提出する書類作りに追われ、ネットワーク会議への出席など、一つのケースだけでも大変な仕事量になります。一時保護所も満床状態が続き、これ以上子どもを保護することができないという問題も生じています。

　ところで、小林登（2002）による「児童虐待全国実態調査」では、虐待の新規発生は「1.54／子ども人口千人」と推定されています。そのうち、乳幼児の虐待発生は「1.72／子ども人口千人」です。こうした事態に対応する児童相談所の職員数は全く不足しています。全国182か所の児童相談所のソーシャルワーカー（**児童福祉司**）の総数は1,807人です（2004年5月1日現在）。人口70,283人に1名の配置で、虐待以外の相談にも対応しています。

2） 拒否的な親への対応に苦慮する担当者

　児童相談所のワーカーたちは、子どもの安全を確保することと、親の要求を尊重することとの板ばさみに苦しみながら、家庭への介入援助を行っています。

　子どもの安全を確認するための立ち入り調査を行ったり、法的な権限で子どもの一時保護を行うこともあります。また、親の同意が得られない場合は、児童福祉法28条により、家庭裁判所の承認を得て、子どもを施設へ入所させます。

　こうした対応を行うことにより、親の激しい怒りや攻撃に直面することも多くなっています。子どもから引き離された親たちのショックは大きく、屈辱感、寂しさ、自信喪失感が募り、児童相談所への抗議が長時間続いたり、不安定な言動も多くなりがちです。このような場面に直面することが多い担当者の苦労や悩み、ストレスが増しています。

第❾章 子ども虐待・援助の現状

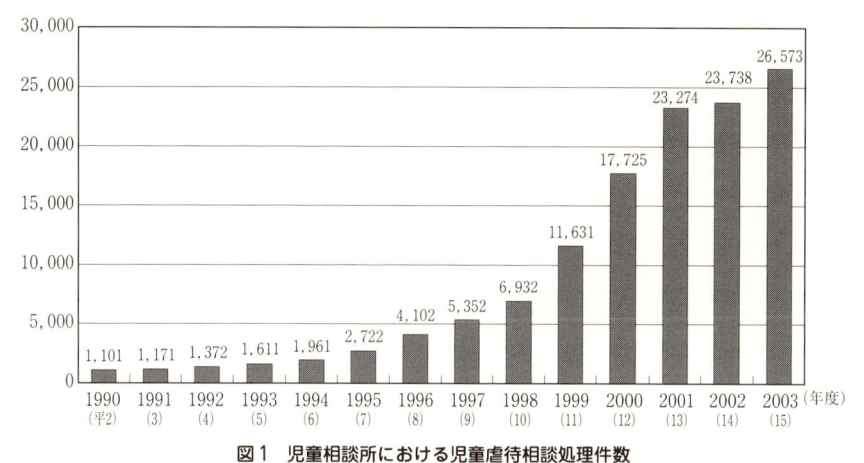

図1 児童相談所における児童虐待相談処理件数

年度	件数
1990（平2）	1,101
1991（3）	1,171
1992（4）	1,372
1993（5）	1,611
1994（6）	1,961
1995（7）	2,722
1996（8）	4,102
1997（9）	5,352
1998（10）	6,932
1999（11）	11,631
2000（12）	17,725
2001（13）	23,274
2002（14）	23,738
2003（15）	26,573

出所：厚生労働省統計情報部「平成15年度社会福祉行政業務報告（福祉行政報告例）」により作図。

児童相談所が虐待に注目し、統計を取り始めた1990年度の1,101件に比べ、2003年度の相談処理件数は26,573件で、約24倍に増えています。特に、2000年5月に「児童虐待の防止等に関する法律」が成立してからの増加が目立ちます。

3 親への援助

1） 親との関係を築く

「彼らの多くは怒っており、反抗的であり、非協力的であり、あらゆる問題の存在を否認し、援助の必要性を拒否し、あらゆる公権力が彼らの生活から出ていき、自分たちの好き勝手に子どもを育てることを要求する」とスティール（B. F. Steel 2003: 1066）が指摘しているように、自ら援助を求めないケースの場合は、児童相談所が介入しようとすると、激しい怒りを向けられることがしばしばあります。もちろん、児童相談所以外の関係者にとっても、親からの攻撃や威嚇、抗議にどう対処したらよいのか、また、親との信頼関係をどうしたら築けるのか、大きな課題になっています。

こうした親の感情は、ひたすら受け止め続けることが大切です。興奮が落ち着いたところで、こちらの用件を話して、今後の取り決めをします。つまり、お互いの安全を守り、ストレスフルな状況を避けるために、明確なルールや限界をできるだけ初期の段階で設定することが重要です。なお、親の要求に応じられない

ときには、「ごめんなさい、できません」とはっきりと断ることも必要です。
　援助者の基本的態度としては、礼儀正しく、穏やかに、相手を尊重する態度で対応することが大切です。面接場面では、できるだけ分かりやすい言葉で、これから何が起こるのか、丁寧に説明します。こうした丁寧な説明を心がけることは、親の不安を和らげるためにも大切なことです。
　子育てで何が大変なのか把握し、今後の子どもの養育について共に考えることを伝えます。親のどんな小さな変化でも認め、親の参加を促し、親自身が自分の目標を決めることができるように支えることが大切です。なお、援助プランも親と一緒に作成することが望ましいでしょう。
　このように、親とのパートナーシップを重視する取り組みが模索されています。

2） 親と子の関係改善のための援助

　虐待が生じている親と子の関係の改善を図るためには、子どもへの認知の問題や役割逆転などについての理解が必要です。
　例えば、子どもの行動を自分への非難や攻撃だと認知し、私をわざと困らせた、ばかにしたと思ってしまう。また、子どもの自立的な行動を「反抗」や「無視」と思うようです。
　感情のコントロールができないとき、これを子どもに投影して、子どもが怒っていると認知したり、子どもが私を怒らせたと責任転嫁することもよく起こります。あるいは、自分が憎かった人物や、みじめだった自分と子どもを同一視して不安を抱くことがあります。
　なお、親が子の欲求を満たすのではなく、子どもに自分の欲求を満たしてもらおうとする**役割逆転**が起こります。親が自分への愛情や賞賛を子どもから得ることで、自分の自尊心を満足させようとします。子どもの能力や発達段階を無視した非現実的で過大な要求をする傾向も認められます。
　こうした子どもへの偏った見方や養育に対して、助言をしたくなりますが、それでは親の不安が増すだけです。むしろ、子どものよいところを親に伝え、親の努力を認めることで、親子関係が徐々に好転していくようです。

3) 家族支援のための地域ネットワークづくり

　子どもを虐待する親自身、自己評価が低く、不安が強いことや、危機的状況への対処が稚拙であり、感情のコントロールがうまくできないなどの問題を抱えています。そのため、人間関係のトラブルやさまざまなストレスに苦しむことが多いようです。

　親がこうした長年の苦しみから解放されるためには、支持的で良好な人間関係が必要です。つまり、親自身が人から受け入れられ、尊重され、大切にされているという感情を体験することが必要なのです。地域社会の中での孤立を防ぐために、多くの人々の支援やさまざまな生活支援が不可欠です。

　そのためにも、個別ケースごとに地域に支援の**ネットワーク**をつくることが大切です。子どもの虐待の予防、早期発見のためには、地域の保健師、保育士との連携の強化も必要です。なお、今回の法改正により市町村の役割にも期待が高まっていますが、市町村における援助活動を支えるためにも、児童相談所のコーディネーターとしての役割がますます重要になっていくのではないでしょうか。

　こうした地域援助活動や親子の再統合や家族支援を行うためにも、児童相談所職員の専門性の向上や地域間格差を是正するための研修の保障および施設の整備、職員増が不可欠です。また、児童養護施設の職員増や専門性の向上、施設の拡充も急務の課題だと思われます。

〔櫻谷真理子〕

引用文献
小林登（2002）「児童虐待全国実態調査　1．虐待発生と対応の実態」『子どもの虐待とネグレクト』4(2)：276-289。
スティール，B.F.（2003）「虐待者の治療再考」ヘルファ，M.E.，ケンプ，R.S.，クルーグマン，R.D.ほか編／坂井聖二監訳『虐待された子どもたち』明石書店：1054-1075。

読者のための参考図書
岡田隆介編（2002）『児童虐待と児童相談所——介入的ケースワークと心のケア』金剛出版。
　児童虐待をめぐる児童相談所の業務の実際や介入および家族援助の技法を紹介しています。
竹中哲夫・長谷川眞人・浅倉恵一・喜多一憲編（2002）『子ども虐待と援助』ミネルヴァ書房。
　虐待対応のための法制度や相談援助活動の実際、各児童福祉施設における子どもへの援助についての理解が深まる内容です。

第10章
家庭内暴力
――臨床社会学からのアプローチ――

> **キーワード** 家庭内暴力、親密圏、ドメスティック・バイオレンス、虐待、ケアリング、社会臨床

1 家庭内暴力とは

1） 親密圏としての家族

　人間が生を営みだす最初の場所は家族です。本来、家族は、安全、安心、信頼を軸にして結びつく関係です。赤裸々に関係を取り結びます。近代社会では、愛情をもとにした集団としての特性を有しています。しかしその家族という集団は愛憎半ばする情緒的感情的な集団でもあります。ここを起点に多様な暴力が生成します。暴力の形態は家族の関係性の数だけあります。思春期青年期暴力、きょうだい間暴力、夫婦間暴力、老人虐待、子ども虐待、障害児（者）への虐待などがあります。さらに広く、元夫婦間暴力、恋人間あるいは元恋人間暴力もあります。
　これらに共通しているのはどんなことでしょうか。強盗・窃盗などの暴力とは異なるある特性があります。それは加害と被害の関係が近いということです。家族を含めた関係を社会学的には**親密圏**といいます。愛情などの情動をもとにして取り結ばれる関係性のことです。家族は小さな社会を成して営まれています。家族は、心理的には、甘えと依存の相互関係が支配し、非言語・前言語的関係においても関係性が取り結ばれ、保護と慈しみの情動的関係をもとに機能しています。さらに、社会学的には、ジェンダー、年齢差（世代）、資源（経済的社会的）などの社会的諸属性が交差する場となります。親子、夫婦という社会的役割をもと

にした社会化の主たる担い手としても特徴づけられます。社会福祉学的には社会保障や社会福祉の諸制度に家族をどう位置づけるのか、あるいは少子高齢社会化のなかでいかに家族のあり方を想定するのかなどが主要な関心事項となります。法律的には扶養義務を定めるなど規範として作用します。その他、歴史学、経済学など含めて家族心理、家族関係、家族制度は学際的な研究対象ということになります。

2） 家庭内暴力に関する法

　私的自治領域としての家族の問題には不介入が原則でした。事件として法に触れることがないかぎり、いや、法に触れる行為があったとしても表面化されにくい問題でした。家族をはじめとする親密な関係は「法の外部」におかれていました。つまり「非法領域」として存在していたのです。しかし、悲惨な事件が人々の関心となり、21世紀へと変わる数年の間に、急速に「法化」されたのです。家族という親密な関係に介入が始まったのです。

　例えば、「児童虐待の防止等に関する法律」(2000年5月公布、2004年改正)は虐待行為を大要次のように定義しています（2条）。第1に身体的暴力、第2に性的暴力、第3に保護者としての養育放棄、第4に心理的暴力です。広範囲にわたる行為が虐待とされているのです。子育てに付随する広い範囲の行為を射程に入れ、場合によっては暴力を伴うしつけなど、かつての時代であれば子育てそのものでもあった事柄が虐待として再構成されたともいえます。

　関連して、「児童買春、児童ポルノに係る行為等の処罰及び児童の保護等に関する法律」(1999年)は「児童に対し、性交等（性交若しくは性交類似行為をし、又は自己の性的好奇心を満たす目的で、児童の性器等を触り、若しくは児童に自己の性器等を触らせることをいう。）をすること」を処罰の対象にしたのですが、そのなかには「児童の保護者（親権を行う者、未成年後見人その他の者で、児童を現に監護するものをいう。）又は児童をその支配下に置いている者」が含まれており、性的虐待に対応可能となっています（2条）。

　「ストーカー行為等の規制等に関する法律」(2000年5月公布)は、つきまとい等の行為を「特定の者に対する恋愛感情その他の好意の感情又はそれが満たされなかったことに対する怨恨の感情」として定義し、具体的な「八つの行為類型」

を対象化しています。それは、「つきまとい、待ち伏せ、行動の監視、汚物、動物の死体その他の著しく不快又は嫌悪の情を催させるような物の送付、名誉を害する行為など」です（2条）。

「配偶者からの暴力の防止及び被害者の保護に関する法律」（2001年4月公布）は、事実婚を含む配偶者間での「身体に対する不法な攻撃であって生命又は身体に危害を及ぼすもの」を対象にしています（1条）。さらに、労働法制におけるセクシャルハラスメント規制（使用者に防止の努力を課しています）、民法改正で創設された成年後見制度（意志判断能力の衰えた人の権利を守る制度です。老人虐待や障害者虐待へも対応します）など含めて子細に検討すると、夫婦関係、男女関係、親子関係などの親密圏での問題が法化されている共通点があります。夫婦喧嘩だと思っていた**ドメスティック・バイオレンス**（以下、DVと略記）、しつけや体罰だと思っていた虐待、恋愛感情だと思っていた一方的な執着心がここでは問題となっているのです。

　総じて、新しい領域の法化現象です。社会は親密圏での暴力を無視できなくなったともいえます。もちろん、家族同士といえども触法行為があれば刑事司法の対象であることは以前から変わらないのですが、家庭内暴力として法が関心をもちだしたということなのです。現在、思春期青春期にみられる家庭内暴力、老人虐待などに対応する法律は特段にはありません。また、要介護状態にある人のための施設（児童養護施設等や高齢者、障害者のための居宅型の施設）でも虐待や暴力が起こります。これらはケアに伴う虐待です。狭い意味での家庭内暴力ではありませんが、ケア行為に随伴する暴力や虐待という側面もあるので相互に関連しています。あるいは、恋人たちがデート中に起こす暴力もあります。一方的に望まないセックスを強要する行為等です。

　家庭内暴力は対人暴力を含む行為なのでなんらかの法的な強制力を根拠に介入し、その後に適切な福祉的、心理的、教育的、社会的な援助を行うということとなります。

2 暴力と虐待のスペクトル

1） 総称としての家庭内暴力

　家庭内暴力は一連の現象を総称する言い方です。不登校現象、ひきこもり現象なども同じです。アルコール依存や薬物依存も同じく依存症（アディクション）という大分類の一環を成している現象です。非行も同じく未成年の問題行動を総称した言い方です。これらの問題行動は、家族、学校、地域、仲間集団などの社会関係を背景にしているので、当該個人の逸脱性を形成し、誘発し、行動化させる関係性の病理であり、社会環境の歪みが表出した問題行動ととらえます。当該個人が生きる関係性という環境（社会環境）に力点を置くので、これらを**社会病理現象**といいます。また、社会規範からずれた行動でもあるので逸脱行動、逸脱現象といいます。個人の生きる環境は刺激に満ちています。環境は抑圧的かもしれませんし、快楽を得る機会が多い場合もあります。いずれにしてもその環境を最適化しようとして人は自分なりに解釈し、意味づけ、秩序を与え、適応あるいは反発して日常を構築していきます。そうした環境のなかでも家族に代表される感情領域は、認知的理性的な領域とは異なる問題処理のメカニズムをもって作用しています。感情領域としての家庭は喜怒哀楽に満ちているので、暴力や虐待を誘発しやすい環境となっています。

　現象としての家庭内暴力は多様な問題行動を含んでいます。DV の諸類型としては、身体的暴力は明確ですが、被害者の尊厳を傷つけるような言動による心理的・感情的暴力、言葉の暴力があり、望まない性行為を強要する性的暴力、被害者の友人づきあいを規制したりする社会的暴力もあります。法律的には身体的暴力ならびに心理的暴力の結果で生じる心身症的な傷を暴力としています。

　先に紹介した子ども虐待の定義には、いうことを聞かせようとして、泣きやまない子どもに立腹してなどと理由をつけて暴力を用いてコントロールしようとする**虐待**（アビューズ＝abuse）、親の側の心理的感情的な問題を背景にした、子どもを愛せないなどの行動である**養育拒否**（ネグレクト＝neglect）、子どもにとっての不利益な事柄を最広義に定義する**不適切な処遇**（マルトリートメント＝maltreatment）という相互に異なるものが含まれています。さらに、老人虐待は要介

護状態にある高齢者への虐待を中心に構成されていますが、暴力だけではなくて、介護拒否、介護怠慢、介護放棄などを含めた広い行為があります。また介護者の介護疲労も想定されます。同じく、障害のある子どもへの暴力と虐待の背景には家族介助者への適切な援助が必要なことが多くあります。きょうだい間暴力は相互の関係性の発達過程に随伴する側面と性的な関係強要という逸脱的な側面があり、後者には介入が必要となる幅のある現象です。通例は思春期青春期の子どもが親にむける暴力は親子関係のなかに吸収され甘受されていることが多くあります。

2） 家庭内暴力の内実を分節化する必要性

　こうして家庭内暴力は多様な層を成していることがわかります。言い換えれば、暴力と虐待のスペクトル（複雑なものを諸成分に分解し、その成分の諸相を並べる連続体ということを意味します）があるのです。家庭内暴力が殺人や自殺を含んだものとして表面化する（＝事件化する）事例がメディアなどで報道されますが、それは家庭内暴力の一面です。メディアの社会病理報道には批判的な眼が求められます。（同じく、ルポルタージュやドキュメンタリーなどメディアは社会病理報道を好みます。社会病理についてのメディアリテラシーが大事です。）その背後には多様な層を成した家庭内暴力の現実があります。暴力や虐待の背景ならびに直接の原因をみると、刑事法による介入が必要な側面、精神医療や心理臨床が必要な個人の問題を抱えた暴力や虐待加害の側面、生活の立て直しが先決の福祉的援助が必要な側面、援助機関や資源などの情報提供で対応可能な側面、育てにくい子どもや合理的な理由のある夫婦葛藤などへの問題解決型介入が可能な側面、アルコールや薬物と関連した問題を抱えて暴力をふるう側面などが確認できます。そして、こうした背景を現実の暴力や虐待へと行動化させる家族関係の経緯があります。暴力や虐待として行動化させる前には、そこへと至る問題の歴史が確認できます。望まない妊娠、余儀なくされた結婚、親の幼少時代の癒えない心の傷、結婚した後の不本意な出来事（失業、病気など）など家族ストレスと呼ばれるものがあり、それへの不適切な対処が家庭内暴力を形成していきます。

3 家庭内暴力が生成する関係性

1） 家族という関係の特質

　家庭内暴力は、当然ですが、家族という関係性に根ざして生成します。その特性を次の四つにわけて整理したことがあります（中村正 2003参照）。一つは、家族は親密な関係性、情緒的な関係性という特質を有している点です。感情的な応答あるいは見返り報酬の期待が高いのです。親子関係、夫婦関係の双方において情緒的な満ち足りを期待します。夫婦関係においては性的な期待値もあります。二つは、家族は、退行現象としての暴力とそれを受容する場として観念されることが多いのです。家庭外で自己の欲求を満たすために暴力を用いると、それは犯罪となります。社会的制裁が加えられるのです。しかし家庭内ではそうではないことの方が多くあります。暴力を受容することが愛情だとして受け取られがちなのです。三つは、家族は相補的で非対称な関係から成り立っているという点です。夫婦関係、親子関係という二重に非対称な関係性が含まれています。親密な領域における他者との相補的な関係は、他者をとおして自己実現しようとする行動という特性を有しています。他者をコントロールする志向が生まれることと不可分なのです。四つに、家族はシステムとして生きています。構成員の総和以上のものとして独自の関係維持のメカニズムが作動しています。この4点です。

2） ケアの機能と家族

　この家族関係の特質に内在して家庭内暴力が生成します。その動態を把握するためには次の2点をおさえておくことが大切です。第1に、家族は構成員の福祉を追求するという機能を有しています。その典型は**「ケアする―ケアされる」**という相互行為です。家族におけるケアという相互行為に随伴して展開されている実践行為は感情労働（エモーショナル・ワーク）といいます。情動的な関係性とも言い換えることができます。家族以外の社会集団の結合原理とは異なるのです。この相互行為の特質は家庭内暴力を生成させる場の土壌をなしています。第2に、家庭内とはいえ、それは暴力です。人を傷つける好ましくない行為です。ですから社会問題化されていくのです。暴力の発生するところには社会構造が反映され

ています。DV は女性への暴力という性格があります。これにはジェンダー関係（社会的につくられた男らしさや女らしさ）の視点が必要です。子ども虐待は親子という圧倒的な力関係の差異において発生します。私事化する育児、閉ざされた育児などの養育環境の問題もあります。老人虐待には介護負担や介護の仕組みの問題などが対応します。

　ジェンダーの視点は、社会構造と暴力のかかわりを男性と女性の間に見いだし、その典型として DV を位置づけることを可能にしました。暴力から逃れるための避難所（シェルター）を創設し、被害者の援助制度を組み立て、回復のモデルを構築し、保護命令などの創設に貢献したのです。こうしたジェンダー論の内実は権力論として意味づけられるものです。親子の差異にはジェネレーション（世代）という社会関係が、介護・介助、養育をめぐる問題には子育て支援や介護資源の不足などの政策問題が対応し、いずれも社会構造が反映しています。これらを広い意味での**権力作用**といいます。

　第1の点と第2の点、つまり感情的情動的な相互作用行為としてのケアという行動と権力作用としてのジェンダーやジェネレーションの概念が結びつくところに家庭内暴力の社会学的（専門分野としては、社会病理学・臨床社会学的）な特質が浮き彫りにされます。家庭内暴力の原因は一義的には決定できず、こうした変数が絡まり合いながら多様な事例として発生します。

4 家庭内暴力解決の課題と福祉を学ぶこと

1）　家庭内暴力の被害と加害への対応

　家庭内暴力は親しい人同士が加害と被害の関係となります。被害者の多くは家庭内の弱者です。親子関係、夫婦関係、恋人関係のなかで生成するので相当な不信感と絶望感が生まれることもあります。家庭内暴力の被害による「心的外傷（トラウマ）」は深刻となります。世界への不信感、社会のなかでの不安定観、自分の価値への懐疑がうまれ、あらゆる関係性から「離れて絶たれる感覚」が生じます。DV の場合は「逃げられたのではないのか」という言葉も発せられ被害者を傷つけることもあります（これを二次被害といいます）。また、家庭内暴力の加害の特性（断続的に暴力が用いられ、暴力をふるっていないときと暴力をふ

るっているときが循環します。これを暴力のサイクルといいます）があり、被害者が暴力をふるっていないときの加害者の人格に同調することもあります。

　家庭内暴力の被害者は自力ではなんともできない状況に置かれるということです。なんらかのかたちで他者が介入する必要があるのです。社会のなかで安心して暮らすことのできる環境を整えることが援助の基本となります。被害への医療による治療、加害を除去するための司法的介入、安全な生活を確保するための福祉的援助などがあります。

　そして焦眉の課題となっているのは加害への対応です。家庭内暴力に対応する新しい法律では加害や虐待に対応する制度が創設されています。DVについては地方裁判所から加害者に対して接近禁止命令が出されます（保護命令と退去命令制度）。子ども虐待については、児童相談所による一時保護あるいは親子分離（家庭裁判所の審判に基づく）がなされます。ストーキング行為については、禁止命令（接近禁止の行政処分としての命令ならびにその仮の命令も含む）が公安委員会から出されるのです。これらは、被害者の安全を速やかに確保するため、被害と加害の関係にある者を分離する措置をとるという共通点があります。司法による刑事罰でも、個人向けのカウンセリングという心理臨床でもないなんらかの介入や援助が必要な行為者に対して、いかなる脱犯罪化、非暴力化の援助や方策が必要となるのかということです。触法行為があれば罰はもちろんのことですが、その罰をとおして、贖罪へと加害者を援助し、更生のためのケアがないと、傷ついた社会や関係性が回復しません。

2）　人間福祉を学ぶ者にとっての家庭内暴力

　最後に、人間福祉を学ぶ者が家庭内暴力についてよく知ることの大切さを考えてみましょう。今後にむけた焦眉の課題として加害と虐待の行為者への対応を指摘しましたが、家庭内暴力の基本的で第一義的な対応は被害者のケアです。福祉の援助者は、被害者に出会うことが多くあります。子ども虐待は児童相談所での対応となります。DVは各地の女性相談センター等を介して被害者のケアが始まります。特別養護老人ホームなどに入所しているお年寄りの家族とのなんらかの葛藤を介して老人虐待に出会うこともあります。障害者の介助・介護をする家族内部の暴力については適切な援助資源の導入を判断しなければなりません。思春

期青春期の暴力は各地の保健所や医療機関とともに親の安全や適切な対応指導などに取り組むこととなります。生活保護ケースワークではアルコール依存とかかわる DV や虐待事例に遭遇することもあります。こうして福祉的援助の場面ではなんらかの形での家庭内暴力を含んだ事例が相当あるとみていいでしょう。もちろん、福祉職にある者の虐待もあります。施設内虐待がその典型ですが、家庭で介護サービスを行うワーカーにもあります。逆に、利用者からの暴力を受ける場合もあります。もちろんこれらは家庭内暴力ではありませんが、「ケアする－ケアされる」関係と権力作用による暴力はこうした回路でもありうることなのです。

　こうして、先に指摘した家庭内暴力のスペクトルのあらゆる場面で福祉の援助が機能していることになります。家族という関係性が親密な感情領域にあるので葛藤はつきものです。葛藤のない家族はありえません。そうした感情的な緊密さを暴力や虐待として行動化せずに、逆に家族同士の関係を豊かなものにすることもできます。よりよく機能している家族は葛藤を意識化させ、外部に援助を求め、平和的に解決する力を宿しています。家庭内暴力を通して家族とは何かが浮かび上がるのです。あらゆる形態での家庭内暴力についての法律的社会的心理的な基礎知識と介入的な援助のための社会資源についての情報を得ることは福祉を学び実践する者にとっては大切な事項なのです。幸福を追求する基礎は家族の平和にあるからです。

〔中村　正〕

読者のための参考図書

中村正（2002）『ドメスティック・バイオレンスと家族の病理』作品社．
　　DV の加害者問題に焦点をあてています。家庭内暴力とは何かの概説も含んでいます。
中村正ほか（2003）『家族の暴力を乗り越える』かもがわ出版．
　　虐待と DV を中心とした家庭内暴力の乗り越え方について考察しています。あわせて虐待していた親、DV をふるっていた夫の手記も掲載しています。
ドナルド・ダットン著／中村正訳（2002）『どうして夫は愛する妻をなぐるのか──バタラーの心理学』作品社．
　　殴る男性についての心理学的研究の基本書です。
高原正興ほか編（2004）『病める関係性──ミクロ社会の病理』（社会病理学講座第 3 巻）学文社．
　　いじめ、不登校、ひきこもりなど社会病理現象の基本問題を扱った入門書です。筆者も分担執筆しています。

第 11 章
障害者の脱施設化
——地域での自立生活保障に向けて——

> **キーワード** 脱施設化、施設収容主義、施設解体、地域生活移行、自立、ノーマライゼーション、親亡き後

　日本の知的障害者（18歳以上）人口は約34万人です。そのうちの約13万人が24時間の入所施設にいます（厚生労働省2005年調べ）。在所年数も平均して10〜20年の長期に及びます。知的障害者の約3分の1が入所施設で暮らしているといってよいでしょう。精神障害者も、割合は少し低いのですが同じく長期に病院で暮らしています。身体障害者は5％前後と少ないのですが、そうした暮らしをしている人がいます。

　一時的な治療や訓練のためならやむをえないとしても、ずっと続く施設・病院暮らしです。これでよいのでしょうか。どう改善すべきか、典型的な知的障害者のことで考えてみましょう。

1 雑居部屋、大集団生活、地域資源からの隔離

1）ノーマルでない暮らし

　日本では1960年代頃から300人以上の大規模な入所施設・コロニー（知的障害者総合援護施設）が建てられ始めます。終生保護、敷地内ですべての生活が自己完結できる、と掲げられました。それ以後、入所施設整備を中心とする施策が展開され、前述したように、約3分の1の人が入所施設で暮らすようになってきました。

　現在、知的障害者たちは入所施設でどんな暮らしをしているのでしょうか。

個室をもっている人は約1～2割です。残りの人は相部屋です。多くは一人当たり畳2枚分の広さです。8畳に4人が平均です。そこが寝室であり居間でもあります。一人ずつ箪笥を置くと机は置けません。寝具をしまう押入れは半畳分を上下2人で使っています。ウサギ小屋どころかネズミ小屋、そしてプライバシーのまったくない雑居部屋生活です。

食事は50～100人が一同に会してとります。ファミリーレストランのような4～5人ずつの区切りはありません。満員になった生協の学食を思い浮かべてもらえばよいでしょう。1時間ぐらいの間に一斉に、騒々しくせかされての食事です。しかもこれが三食、ずっと10～20年も続いています。

お風呂は20人ぐらい入れる大きさです。介助する職員も入りますので1回に障害者は10人くらいしか入れません。夕食を除いた時間に割り振られて入浴します。夕方から、あるいは夕食後からでは時間が足りません。昼食後すぐの2時からの入浴、こんなこともあります。さらに夏でも隔日、ということもあります。

そして多くの施設は、駅から遠く、銀行、スーパー、娯楽施設などの地域社会資源から離れたところに立地しています。買い物をしたい、ブラブラとショッピングしたい、これは週1回、月1回というところもあります。普通は家から地域を通って通う職場も、ここでは居住空間と同一建物、同一敷地内がほとんどです。外に出にくい、でも中でできるように、と限定された狭い世界で過ごす暮らしです。

2） **貧困な入所施設施策による貧しい暮らし**

どうしてこんな実態が放置されてきたのでしょうか。

たしかに第二次世界大戦前には、障害の原因を前世の因果とみて優生保護するために障害者を隔離・抹殺する、障害を怠惰のためとみて劣等な処遇で十分とする、優生思想、隔離思想、劣等処遇観がありました。そして欧米では500～5,000人という規模の施設化も行われました（「**施設収容主義**」）。

でも現代は人権尊重の憲法がある時代です。当事者である入所施設利用者、家族、職員、施設経営者は、早くから、職員増を、個室を増やして、一人当たりの居住面積を増やして、建設費補助を増やして、と国に要望して運動してきたのです。けれども国はずっと受け入れてきませんでした。

第11章　障害者の脱施設化

　障害者自立支援法で、原則個室や日中活動との分離が打ち出されましたが、4人部屋制度の改造費、敷地外施設建設などの公的補助は特別にされていません。夜間の職員数は減りました。低い国の基準・決まりが最高基準に残されたままなのです。

　例えば、人里はなれた地に施設を建てたい人は稀です。でもそうした地に多くが立地しています。建設時の土地購入費が公的補助の対象になっていないため、安い土地ということもあるのです。相部屋もそうです。居室面積が決められていても小さな個室を多く作ることはできるかもしれません。でも壁がたくさんとなります。その補助金は出ないのです。大集団の生活が必ずしも管理的とはなりません。でも職員数が不足して、設備が十全にないと、多くの人たちで、短時間に交代で使わざるをえません。どうしても「早く、早く」とせかせる日課になってしまうこともあるのです。それらが管理的といわれる実態となっています。

　隔離思想、優生思想は、たしかに影を潜めましたが、劣等処遇を放置したままとする国の貧困な入所施設施策は今なお改善されていません。障害者の劣等な生活の主要な要因はここにあるでしょう。

2　ノーマライゼーションと地域生活への移行

　こうしたノーマルでない暮らしを改善する**脱施設化**の運動が、障害があっても同一年齢の他の国民と同等な生活を権利として保障しようという**ノーマライゼーション**を出発点に始まります。どのように改善していったらよいのでしょうか。例えば入所施設を解体（**施設解体**）したり、なくせばよいのでしょうか。

1）　ノーマルな暮らしへの移行

　デンマークのバンク-ミケルセン（N. E. Bank-Mikkelsen）は、反ナチの闘争をして収容所生活を送り、戦後すぐに知的障害者福祉の行政官に復帰します。まず彼が見たものは、ナチの収容所のような生活を強いられている500〜3,000人の大規模入所施設にいる障害者でした。彼は当然のように、民主主義確立のひとつとして、入所施設にいる知的障害者にもできるだけノーマルに近い生活を提供しようと親たちと運動を始めます。

彼の考えを定式化したのがスウェーデンのニーリエ（B. Nirje）です。できるだけ社会の主流となっている規範や形態に近づけようと、①1日のノーマルな生活リズム、②1週間のノーマルな生活リズム、③1年のノーマルなリズム、④ライフサイクルにおけるノーマルな経験、⑤ノーマルなニーズの尊重、⑥異性と暮らす生活、⑦ノーマルな経済水準の保障、⑧ノーマルな環境水準、を公的に保障すべきであると提唱しました。

これらが具体化されていったのが北欧の脱施設化といってよいでしょう。入所施設で暮らす障害者にも人権保障をと、同一年齢の他の国民にできるだけ近い生活の基盤を公的保障していくものです。それによって障害者も他の国民と同じ出発点に立てるでしょう。

でもこれには年月もかかり、費用もかかります。北欧でも40〜50年かけて達成に近づいています。出発点が平等になったからといって、その後の平等が保障されたわけではありません。障害者や家族の同意に試行錯誤の年月がかけられました。費用もかけています。在宅福祉が非常に貧困な時代は相対的に入所施設の方が高くつきます。でも前述したようなノーマルな出発点の保障は在宅福祉の方が費用を要するのです。

2）　障害者の自己決定こそ第一に

脱施設化にはもう一つの潮流があります。

好き好んで入所施設を選んだ人はいないでしょう。障害者、家族ともにがんばったけれどももう無理だと、多くの人がやむなく入所施設を選択しています。障害者の本当の希望ではなく、すなわち障害者の自己決定ではなく入所しています。

さらに入所後の、貧しい施策のもとでの生活は、個の自由な決定が演出される個室がありません。個の自由な決定が集団運営に管理されています。こうした施設を「出たい」という**自己決定**こそ尊重すべきです。そしてもう一つの潮流、個の自己決定をそこなう施設は反対であるとする反施設主義が、アメリカを中心に広まってきます。

たしかに北欧でもそうであったように、障害者の自己決定は尊重されるべきです。でも自己決定だけを目的として一面的に強調すると、どのようなところに出たいのか、その吟味過程が軽視され、どこに出ようとそれも自由な自己決定（自

己責任）になってしまいます。

　障害者の「出たい」という表明に込められた願いを「どんなよりよいところ」にと吟味していく過程は、北欧のように時間をかけても大切にされなければなりません。例えば北欧では、施設に留まりたい人にも1対1以上の職員配置を実現し、そのうえでの移行の同意づくりに取り組んでいます。

　さらには現代まで続く国の入所施設施策の貧困さも考慮しなければなりません。国は公的責任や財源を保障してこなかったし、さらに削減しようとしています。そのときに、施設を否定すればそれでよいと主張するだけでは、障害者の貧困な暮らしの主たる原因である国の貧困な施策批判を軽視することにもなり、かつ一番好都合と考えるのは国ではないでしょうか。

3　地域生活支援と自立

　同一年齢の他の国民の生活様式や形態にできるだけ近いものを保障することは、障害者に**地域生活**していく出発点を保障します。でも障害者にとっては、ただ地域生活ができればよいのではなく、豊かな地域生活を作り出したい、そのための支援が必要です。現代的には自立生活の保障でしょう。

1）　自立観の変革

　自立という用語を、自分で立つ、すなわち他人に助けてもらうのではなく、一人でできるようになること、ととらえがちです。でもそうなると障害者はいつまでたっても自立した人間、一人前になれない存在となってしまいます。半人前なのだからこれで我慢しなさい、となりかねません。それだけではなく、他人に助けてもらわなくともすむように努力（自立・自助）していない人となってしまいます。肩身の狭い思いをしてサービスや他人の助けをお願いすることになりかねません。

　でも2本の棒が支えあってできているのが「人」という字です。人類だけが、一人でできないことをみんなでするための掛け声、共同の言語を作り出しました。そして現代も、他人に社会に依存することなく、すべてを一人でして生きている人はいないでしょう。人間は、依存する、助けてもらうことなしには生きていけ

ないし、依存しあい助け合って共存して生きているのではないでしょうか。

　日本の障害者運動はこうした新しい自立観を、アメリカの自立生活運動や日本における女性の自立運動にも学んで作り出してきました。障害者も依存しあいながら共存する存在であるべきでしょう。助けてもらうこと、依存することは、肩身の狭い思いをしてお願いすることではなく、堂々と主張できること、自立とは矛盾しないことなのです。

2）　自分らしい生き方を仲間とともに

　では自立とは何なのでしょう。現代的には自己実現の過程、自分らしい生き方の実現を求めていく過程、といってよいでしょう。一人でできることがたくさんあれば、自分らしい生き方の実現をもとめていく自由は広がるかもしれません。でも一人でできることが少ないから自由が制限されるとはなりません。生き方の実現は共存しなければできないのが人間です。共存が自由を広げます。

　それぞれの生き方は多様です。行動や活動を選択して、自分らしさを求めて自己決定していきます。でもその実現は一人ではできません。一人はみんなのために、みんなは一人のために、と表現されるように、一人よがりの願いではなく、みんなが尊重していくものに互いに磨きあっていかねばなりません。

3）　豊かな地域生活への支援

　改めてこの節の主題に戻ります。障害者とくに知的障害者は他の国民と同じ出発点が保障されるだけでは不十分なのです。

　例えば働くこととは、ただ働く場があればよいのではありません。これは皆さんも同じでしょう。生き生きと働けるように、堂々と働けるように、打ちこんで働けるように、そしてさらに給料も、障害者の場合はリハビリにも役立つ、となるでしょう。そのためには自分がしたい仕事とは、向いているものは、社会貢献したいことは、などと考えていきます。

　障害者には出発点の保障をもとに、自分らしい、自分にとってよいものにしていくために、周りの資源や援助、人との共同などを活用したり作り出す支援が必要なのです。

　話し言葉をもたない障害者もいます。少し複雑になると思考が苦手となる障害

者もいます。でも例えば好きなこと、やりたいことはもっています。人に伝える支援も必要ですが、まだ表出するまで確かなものになっていないときもあります。表明がなくとも引き出したり、ともに共感しあったりして確かなものにする支援も必要なのです。

4 親亡き後ではなく、家族とともに

　最後に障害者の親のことを考えてみます。入所施設の障害者や家族などへの移行の希望調査が行われるようになりました。障害者や担当職員はほぼ3～4割の人が移行を希望しています。でも親は1割弱しか希望していません。親が移行にブレーキをかけているのでしょうか。

1）　75歳になっても養育責任、親業

　今入所施設にいる人の平均年齢は40～50歳ぐらいです。親の大半は75歳以上の後期高齢者です。でも40～50歳の子の身元保証人となる保護者のほとんどは親です。子が入所施設に入った後も、親の養育責任は解放されていないのです。

　それだけではありません。施設の利用料、子の小遣い、被服などの私物の差し入れ、保護者会費、後援会費、施設への寄付金、面会訪問交通費などの金銭負担、さらに月1～2回の帰省受け入れ、施設行事の協力などの子のための活動もしています。金銭負担は子の障害年金収入だけでは足りず、老親の生活を削って出費されています。年金生活の親にとっては大きな負担です。

　身体も弱ってきています。障害者の兄弟姉妹は独立し、老老世帯が半数ぐらいで、どちらかが要介護の人もいます。子の帰省時は、老親による二重介護です。

2）　親に全く負担をかけない地域生活を

　これだけ親の生活がたいへんなのに、高齢になっても帰省受け入れ回数や面会訪問回数を減らしていないのが一般的です。親は子と離れていてもずっと子のために身を削り、**親亡き後**のことを案じています。

　こうした親だけに、子が施設を出ても親で介護する、養育する能力がないことをシビアにリアルに認識しているのでしょう。子を地域生活に移行させたくない

のではなく、家族の介護や養育に完全に依拠しない子の地域生活を望んでいるといってよいでしょう。それができるまでは死ぬこともできない、という悲痛で強い思いを感じさせます。

3） 親も参加する移行の実践を

「全く」「完全に」と強調しました。世間一般では子の老親介護負担を社会的に担おうといわれている時代です。この逆である実態はまさしく異常であり、完全に改善されるべきでしょう。

でも親に依拠しないからといって親の意向を軽視してよいのでしょうか。むしろ後期高齢者になっても養育を担ってきた親の子に対する強い思いを尊重すべきでしょう。欧米とは違った実態といえます。長い時間をかけても、障害者だけでなく親の同意を作り出す、すなわち親も参加する移行の実践が要請されます。

〔峰島　厚〕

読者のための参考図書

峰島厚（2003）『希望の持てる脱施設化とは』かもがわ出版。
　　日本の障害者入所施設の脱施設化の実態が障害者、家族、職員の実態調査でわかりやすく紹介されています。
塩見洋介（2004）『脱施設化の思想的系譜と日本での展開』かもがわ出版。
　　北欧とアメリカの脱施設化の考えの相違をわかりやすく展開しています。
末光茂（2001）「発達障害のQOLと福祉文化――脱施設化を中心に」日本発達障害学会『発達障害研究』22(4)。
　　講演記録。北欧とアメリカの脱施設化の実際の相違をわかりやすく紹介しています。

第12章 精神保健
―― 精神障害の理解と予防活動のあり方 ――

キーワード 健康、予防、精神障害、年代、生活場面

1 精神保健とは

1） こころの健康

わが国は世界でもトップクラスの寿命を手に入れました。一方、出生率が年々低下しており、急速な高齢化が進んでいます。それにともない、認知や感情の病気などを抱えた高齢者が増えています。また、中高年における自殺者の増加や、若者の引きこもり、青少年の不登校をはじめ、多くの**こころの問題**が十分に解決されず、残されています。

日々の暮らしの中で、私たちはさまざまな問題や困難に直面し、葛藤し、不安を抱え、欲求不満に陥ることも少なくありません。しかし、それら精神的な問題について考えるとき、個々人のこころの問題としてだけでなく、彼らを取り巻く社会環境との関連の中でその解決策を検討していかなければなりません。

2）「健康」とは何か

健康とは、どのような状態を指すのでしょうか。

WHO（世界保健機関）憲章では**健康**を次のように定義しています。「健康とは身体的にも精神的にも社会的にも完全に良い状態を意味するものであって、ただ単に病気や虚弱でないというだけではない」としています。つまり、体にもこころにも"病気がない""虚弱ではない"ということだけが健康なのではありません。自分が属する社会、例えば学校や職場、地域、家庭などに順応することに

加えて、環境を選択したり、これに働きかけてより良い環境に作りかえていくことをも意味します。

3） 精神保健とは何か

精神保健とは、どのような活動を指すのでしょうか。

健康の保持・増進を図る活動を保健と呼びます。このうち、精神面の健康を対象とした活動が精神保健です。精神障害の予防や治療、リハビリテーションのほか、精神的健康を維持・増進させるためのさまざまな活動をさします。保健活動は、疾病そのものの予防（**第一次予防**）、早期に治療を加えて増悪や再発を防止する活動（**第二次予防**）およびリハビリテーション活動によって社会復帰を促進すること（**第三次予防**）に分類されます。**狭義の精神保健**では、精神の健康を損なった人々を対象として予防活動が行われますが、今のところ、精神障害の多くは原因が解明されていないため、第二次予防や第三次予防のための具体的な活動を推し進めていくことが現実的であると考えられています。

一方、私たちを取り巻く社会環境の中では、いわゆる不適応事例、すなわち、「ある集団と時代の平均からの逸脱」として浮かび上がってくる事例があります。**広義の精神保健**では、このような事例を対象とし、その背後にある社会的環境との関連を視野に入れた活動を展開します。

2 主な精神障害

狭義の精神保健の対象は、精神障害のある人々です。精神障害の予防や、精神障害者への適切な援助を図るうえで、精神障害の正しい知識を整理する必要があります。

精神障害とは、生来性に、またはある時期から異常な精神現象、つまり精神症状を引き起こす疾病をさします。これには、精神症状が短期間で消失するものと、長期にわたり持続するものがあります。さらに、後者には精神障害のために生活に相当な制限を受ける状態、すなわち障害を引き起こす疾病が含まれています。このような経過には、適切な治療やリハビリテーションの実施状況が影響します。

では、これらの精神障害にはどのようなものがあるのでしょうか。そして、そ

の治療法は、現在、どのようなものがあり、その結果、どのような経過をたどるのでしょうか。

精神障害の分類は各国で異なりますが、わが国で慣用されているのは病因的分類です。これは、外因（脳器質性病変、あるいは、身体疾患や薬物による二次的脳機能障害）、内因（原因不明だが身体的基盤を想定した原因）、心因（心理的原因）により精神障害を分類します。他方、臨床的特徴に重点を置いた分類があり、WHO による ICD（International Classification of Disease）をはじめとする国際的診断分類の多くがこれに含まれます。

次に、わが国の慣用分類に沿って、それぞれの精神障害を説明します。

1） 外因性精神障害

(A) 脳器質性精神障害

脳の器質性病変により起こる精神障害の総称であり、その原因は、脳血管障害、感染症、変性疾患など多岐に及びます。脳の病変部位に応じて、種々の精神症状が出現しますが、進行性の疾患の場合には、脳の広汎に病変が及ぶと認知症を呈します。

認知症とは記憶障害に加えて、高次脳機能障害または実行機能（判断、思考、計画、監視）の障害が持続し、そのために社会的機能に支障をきたした状態をさします。加齢に伴い、その割合が高くなります。認知症の原因のうち約 4 割がアルツハイマー病、約 2 割が血管性認知症，同じく約 2 割がレビー小体型認知症で占められています。その他の認知症のうち、数パーセントは治療が可能ですが、大半の認知症は根本的な治療ができないため、介護をはじめとする地域ケアの継続が重要となります。上記の症状以外に、夜間せん妄や問題行動を併発することがありますが、これらに対しては薬物療法が奏功します。

(a) **アルツハイマー病** 初老期以降に発症する原因不明の神経変性疾患です。記憶障害で始まり、判断力低下や種々の高次脳機能障害を伴って緩徐に進行します。脳全般にわたり萎縮がみられ、過剰な神経細胞の脱落が認められます。今のところ、根本的な治療法や予防法はありませんが、現在、予防薬の開発が試みられています。

(b) **血管性認知症** 脳血管障害に伴って生じる認知症をさします。脳卒中発作

により段階的に増悪し、意識障害や神経症状などを併発します。記憶力の障害が高度であっても、人格や判断力、理解力が比較的保持されることが多く、いわゆる、まだら痴呆を呈します。根本的な治療法はありませんが、予防は可能です。

(B) 症状性精神病

種々の身体疾患によって引き起こされる精神障害をさします。原因となる身体疾患には、肝・腎障害や内分泌疾患、感染症が多くみられます。いずれも意識障害を中心とする病像を示しますが、身体疾患の改善とともに回復します。

(C) 中毒性精神障害

化学物質（精神作用物質）の摂取により生ずる精神障害をさし、アルコール、覚せい剤、コカイン、有機溶剤等により引き起こされます。有機溶剤を除く大半に**依存症**、すなわち、物質摂取の強迫的渇望により、行動統制が困難な状態をさし、耐性獲得、離脱などを伴う状態がみられます。脳に器質性病変をきたす物質では、脳器質性精神障害と同様の経過をたどります。それ以外では治療により回復可能ですが、依存症が形成されると再発しやすくなります。

依存症の予防には、まず、乱用の予防が重要です。その他、一般的な予防法として、啓発・教育、法的規制と矯正、自助グループ活動の推進、相談援助があります。

(a) **アルコール関連精神障害**　アルコール依存症に伴い、事故、家庭崩壊、自殺等の社会的障害がみられます。しばしば、アルコール精神病も引き起こされます。再発予防が重要であり、これには断酒会や AA (alcoholic anonymous) などの自助グループが大きな役割を果たしています。また、配偶者などとの間に共依存関係がみられることが多く、家族面接も併せて行われます。

(b) **覚せい剤精神病**　依存症者には被害妄想や幻覚が生じやすく、使用中止後も、軽微なストレスにより幻覚妄想が再燃するフラッシュバックを生じることがあります。

2）内因性精神障害

(A) **統合失調症**

青年期に好発し、多くは再発を繰り返しながら慢性的に進行します。およそ

100人に1人が罹患します。原因は不明ですが、脳内ドーパミン仮説が有力視されています。

主な症状のうち、幻聴、被害妄想、興奮などは**陽性病状**と総称され、これらは再発時に増悪しますが、薬物療法が奏効します。他方、感情鈍麻、無為、自閉などは**陰性症状**と呼ばれ、慢性期に出現しますが、薬物療法の効果はあまり期待できません。

経過は、再発を繰り返して、およそ3分の2の割合で**残遺状態**（欠陥状態とも呼ばれる）を残します。そのために**生活障害**をきたす者も少なくありません。根本的な治療は今のところできませんが、上記のように、薬物療法により陽性症状の軽減や再発予防がある程度可能です。多くは疾病と障害を併せもち、生活療法や精神科リハビリテーションの併用を必要とします。

(B) 躁うつ病（気分障害）

青年期以降に出現し、躁またはうつ病相の再発がみられますが、普段は無症状です。真の原因は不明ですが、ストレスや身体疾患に引き続いて生じる場合が少なくありません。躁病相では興奮、誇大性、社会性逸脱行動などが出現します。また、うつ病相では、抑うつ気分、精神運動抑制、不眠、食欲低下などがみられ、しばしば自殺念慮も出現します。薬物療法により症状の軽減と再発予防が可能です。

3） 心因性精神障害

心因性精神障害とは、ストレスなどの心理的原因により引き起こされます。このうち、幻覚・妄想など精神病レベルの症状が出現するものを**心因性精神病**と呼びます。他方、幻覚・妄想などはみられず、**病識**（症状に対する病気の自覚）が保たれているものを**神経症**と呼び、パニック障害、恐怖症、強迫性障害などが含まれます。強いストレスに曝露した後、適応障害や心的外傷後ストレス障害がみられることもあります。

原則として、症状は心因から了解できる内容であり、心因の後に発症し、心因の解決に伴って消失するとされますが、例外も少なくありません。適応障害や多くの心因性精神病は慢性化せずに一定期間を経て完治しますが、神経症と心的外傷後ストレス障害の一部は、慢性の経過をたどり、日常生活に支障をきたすこと

があります。いずれも精神療法や薬物療法により治療が可能です。

4）　人格障害

性格の偏りのため自分や他人が悩む状態をさし、精神病とは区別されます。精神病質または性格異常とも呼ばれます。性格の偏りは、青年期以降に顕著に現れてきますが、その症状の多くは精神力動的な立場から、児童期以前にみられる未熟な**防衛機制**（願望が満たされず欲求不満となったとき、無意識にその願望を排除する心の働き）として理解できます。

5）　小児期までに発症する発達障害

(A)　精神遅滞（知的障害）

出生前後の種々の原因によって、発達期に全般的な知的機能の障害が現れ、能力低下や社会的不利を生じた状態をさします。知能指数はおよそ70未満を示し、その程度に応じてさらに分類されます。原因は生理的なものが最多ですが、その他、遺伝的要因（先天性代謝異常、遺伝子異常）、胎生期・周産期の障害、養育環境などがあり、この中には早期治療により予防可能なものが含まれています。対応は療育（治療教育）が中心となります。

(B)　心理的発達障害・行動および情緒の障害

言語、学習能力（読字、書字、算数）、および運動機能に特定した特異的発達障害、自閉症などの**広汎性発達障害**、ならびに注意散漫・衝動性・多動を主徴とする多動性障害は小児期までに発症します。いずれも学習障害を生じやすく、また、広汎性発達障害は知的障害を伴ったり、能力低下を生じるものが少なくありません。対応は療育が中心となり、補助的に薬物療法が行われます。

6）　てんかん

てんかんは、脳の神経細胞の過剰な電気的活動により引き起こされる反復性の発作であり、発作自体は精神病ではありません。脳に病変が見いだせる場合とそうではない場合があります。発作は、意識障害、けいれん、自動症などさまざまな形をとりますが、多くは薬物療法により消失します。

3 年代・生活場面からみた精神保健

　精神保健上の問題は、個人と社会の相互関係の中で育まれる心理的発達を大きく反映しており、また、精神障害には好発する年齢があることから、各年代に共通する問題を見いだすことができます。そして、この問題は、個人の生活環境との相互作用の中で生じやすいため、多くは生活場面ごとに問題を発見・介入することが可能です。

　胎児期、乳幼児期、学童期、青年期、成人期、老年期の各年代において共通してみられる精神保健上の問題にはどのようなものがあるのでしょうか。そして、これらは、家庭、学校、職場、地域社会のいずれの生活場面でとらえることができるでしょうか。

1） 胎児期の精神保健

　この時期には、まず、胎児や母胎に対する有害因子（放射線、感染、薬物など）から胎児を守ることが重要です。また、出産時の脳障害の多くは予防可能であり、先天異常の一部は早期発見による特殊治療が奏功します。地域保健活動をとおして、出生前後・乳児期早期の健康診査、親への健康教育、育児サポートなどを行うことが有効です。

2） 乳幼児期の精神保健

　この時期には、親との心理的な結びつきを通じて、知能、言語、情緒、性格など、人間としての基本的な精神機能が発達します。そのためには授乳、母子の信頼関係形成、しつけ、ひとり遊びが不可欠です。また、親自身の心の健康が重要であり、虐待や問題となる育児態度も見逃せません。さらに、地域において健診などの機会を活用し、発達障害の早期発見と早期指導を行う必要があります。

3） 学童期の精神保健

　学童期には比較的安定した心理状態を迎えます。人間関係が家族から友人・教師に広がり、一定の役割を経験しますが、これは後に社会の中における対人関係

の基礎となります。学童期前半には、不登校や神経症性習癖が現れやすく、その背景には親子関係の問題がしばしば認められます。学童期後半は、精神病、神経症、非行傾向などが起こり始める時期であり、学校保健を中心とした早期の対応が必要となります。

4）青年期の精神保健

　学童期から青年期へ移行する段階、すなわち思春期は、心身の変化が著しく、また、人間関係が組織や異性へと広がり、葛藤を抱きやすい時期です。抽象的思考力の発達とともに、衝動の高まり、第二次性徴、親への二次反抗を抱えながら、**自己の同一性**（社会における自分の役割を実感すること）を確立しようとするため、心理的危機を生じやすいといえます。そのため、不登校、暴力・非行、摂食障害などが現れることがあります。また、統合失調症、躁うつ病、神経症の好発年齢でもあり、病初期の専門的な判断と治療への導入が重要となります。精神病に対しては、その治療とともに、リハビリテーションも必要です。心理的危機や精神病へ早期に介入するためには、学校保健と地域の専門機関との連携が有効です。

5）　成人期の精神保健

　この時期は、社会の中で一定の地位や基盤を確立し、社会に対する義務の遂行が期待されます。そのため、ストレスが過大となりやすく、一方で老化の現れる時期でもあります。経済的問題、職場や家庭の問題が生じやすく、過労や不眠といった半健康状態がしばしばみられます。これと並んで、適応障害、うつ病と自殺、アルコール依存症が多く発生します。職場や地域の精神保健活動が重要となります。

6）老年期の精神保健

　老年期には、心身の老化に加えて、死別、退職などの種々の**喪失体験**を経験するなかで、己の人生と対峙する時期にあります。その心理は不安、閉じこもり、抑うつに傾きやすく、自殺も多くみられます。また、認知症、うつ病、妄想が好発します。従来、わが国では、高齢者の自立意識の育成や生きがい対策が重視さ

れてきました。さらに、認知症やうつ病の早期発見・早期治療が重要となりますが、これには、成人期からの健康管理も大きく影響します。高齢者のための精神保健活動は地域社会が主要な場となります。　　　　　　　　　〔大山博史〕

読者のための参考図書

精神保健福祉士養成セミナー編集委員会編（2001）『改訂 精神保健福祉士養成セミナー1巻 精神医学』へるす出版。
　　本書は厚生労働省のガイドラインに則した精神保健福祉士のための標準的なテキストです。社会福祉学を専門的基盤とする者が、精神障害者に対して援助を行うときに必要な精神医学的知識が網羅されています。

精神保健福祉士養成セミナー編集委員会編（2001）『改訂 精神保健福祉士養成セミナー2巻 精神保健学』へるす出版。
　　本書は厚生労働省のガイドラインに則した精神保健福祉士のための標準的なテキストです。精神保健福祉士や社会福祉士がさまざまな領域で活動するときに必要な精神保健の知識を網羅した内容となっています。

第13章
福祉の情報化
——情報とＩＴの活用でよりよい福祉社会をめざす——

> **キーワード**　福祉、介護、情報、ＩＴ、ネットワーク、情報社会

1 なぜ今、福祉の情報化なのか

１） 情報なしには暮らせない

「情報社会」といわれるようになってからすでに40年近くが経っています。今や、私たちの暮らしは「情報」に大きく依存しています。例えば、携帯電話や電子メールが使えない、市外電話が即座につながらない、テレビが見られない、新聞が届かない、金融機関のATM（現金自動預け払い機）が使えない、旅行やコンサートのチケットの予約がスピーディにできない……。そんな暮らしを考えてみてください。その不便さは、想像するに余りあります。私たちは、情報社会の恩恵をたっぷりと受け、当たり前になってしまった便利さのなかで、それなしには暮らしが成り立たないほど、依存を深めているのです。

情報社会の柱になっているのは、大量かつ高速に行われる情報のやり取りです。そして、それを支えているのが、パソコンやインターネット、携帯電話などに代表されるＩＴ（＝情報技術：Information Technology）です。

ここで、気をつけておかねばならないのは、私たちは、ＩＴという道具を使って情報の活用をしているという点です。例えば、携帯電話によって会話やメールを交わし、パソコン（とソフトウェア）によって文章を書き、インターネットによってホームページや電子メールの送受信をしています。つまりＩＴは、情報を作り出したり、やり取りしたり、加工・処理するための道具あるいは手段であって、本当に重要なのはコンテンツ（＝中身：contents）である「情報」なのです。

高性能で高機能、しかも安価になった道具（＝ＩＴ）を使って情報を活用し、生活や社会を便利でよりよいものへ向上させようとし、その結果としてＩＴや情報への依存が高まる、なくてはならない存在になっているというのが、今の私たちの置かれている状態です。

2） 情報化で福祉の向上を

こうしたなかで、福祉や介護などの分野についても、ＩＴや情報の活用を進め、よりよい方向をめざそうという動きや考えが生まれてくるのは当然といえます。

例えば、介護や児童虐待の防止に関する情報を、もっと積極的に提供し、より多くの人が制度や取り組みについてより詳しく知ることができるようになれば、状況が改善されるはずだと考える人々もいます。互いの連携のために、インターネットのホームページや電子メールなどを活用しようとする人々もいます。自分自身や身近な人の障害や介護、子育てなどに関することをホームページで発信し、仲間を募る人もいます。インターネットやパソコンなど、先端的なＩＴを障害者や高齢者の生活支援に活用すれば、社会参加や地域のネットワークの拡大などがはかれると考える人々もいます。行政機関の業務や福祉・介護の実践活動に情報システムや情報機器を活用することで、サービスの改善がはかれると考える人々もいます。ゲーム機などをリハビリテーションなどに活用しようと考えている人々もいます。福祉の情報化といっても、そのあり方は実にさまざまであり、多様な発想と視点で、福祉あるいは介護の情報化への取り組みが展開されています。

3） 福祉情報化が期待されるわけ

福祉の情報化が、わが国において、本格的に注目されるようになったのは2000年前後のことです。その背景には、二つのきっかけがありました。

第１に、2025年には総人口の４人に１人が65歳以上の高齢者によって占められるという急激な人口高齢化に対応するために、社会保障・社会福祉制度の大幅な改革を迫られていたということがあります。その一歩として2000年４月に導入された介護保険制度は、情報システムの活用が、制度運営における事実上の前提となっていました。また、サービス利用の方法を「措置から契約へ」と改め、利用者自らがサービスを選ぶという仕組みに変えるなかで、サービスの選択と質的向

上のためにサービスに関する情報の提供や開示が不可欠でした。

　第2には、1990年代後半以降、「IT革命」とまでいわれたITの普及が急激に進み、国家的な戦略を背景にしながら、社会や生活の情報化が進められ、生活に関する情報化の有望な分野のひとつとして、保健・医療とともに福祉が注目されるようになったという状況があります。また、急速に発達し普及するITを、高齢者や障害者などさまざまなハンディキャップをもつ人々の生活や行動を支援する技術へ展開させようという動きも活発化しました。

　こうして、21世紀の本格的な少子高齢社会への対応を支える要素のひとつとして、また急激なIT化・情報化の有望なターゲットのひとつとして、福祉情報化が大きな期待を集めることになったわけです。

2 福祉情報化とは

1） カギを握るのは情報の活用

　福祉情報化にはさまざまな取り組みがありますが、ITや情報の活用で福祉を向上させようという点で共通しています。すでに述べたように、ITは情報を活用するための道具・手段であり、重要なのは情報をいかに活用するのかという点にあります。ともすれば華やかなITの活用だけが注目されがちですが、この点を見落としてしまうと、いかに優れたアイデアやシステムであったとしても有効に活用されないということになりかねません。そこで、福祉分野における情報について整理し、その活用のあり方を考えてみることにしましょう。

　福祉情報は、「社会保障・社会福祉及び関連領域に関する情報であって、生活にかかわる諸問題の担い手と社会福祉の実践及び援助活動に携わる人々が必要とする『知らせ』あるいは『知識』」（生田正幸 1999：14）と定義することができ、福祉を支える重要な資源のひとつです。そして、「ニーズ情報」「サービス情報」「処遇情報」「運営・管理情報」と、関連情報ではあるがきわめて密接な関連をもつ「生活ネットワーク情報」および「資料・資料情報」に分類することができます。このうち、中心的な役割を果たしているのが、福祉サービスの利用と提供に直接かかわっている「ニーズ情報」「サービス情報」「処遇情報」であり、**図1**に示すように互いに密接な関係にあります（生田 1999：15-20）。

第 13 章　福祉の情報化

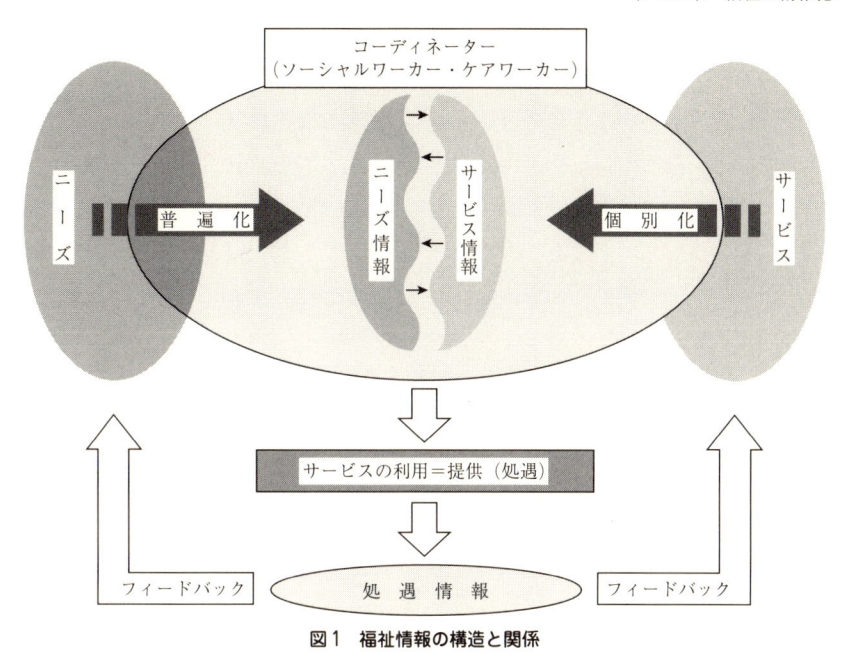

図1　福祉情報の構造と関係

（図：コーディネーター（ソーシャルワーカー・ケアワーカー）を中心に、ニーズ→普遍化→ニーズ情報、サービス→個別化→サービス情報、サービスの利用＝提供（処遇）、処遇情報、フィードバック）

2）福祉実践に携わる人々は情報のコーディネーターでもある

　福祉というと、相談機関における相談や居宅や施設における介護など、直接的な対人援助活動がイメージされがちです。しかし、対人援助サービスを利用・提供するためには、利用者が何を必要としているのかというニーズの把握を行い、それに見合ったサービスを用意しなければなりません。ニーズとサービスを結びつけなければ、対人援助サービスの利用は実現しないわけです。

　ところが、ニーズとサービスを的確に結びつけるのは容易なことではありません。図1に、ニーズの普遍化、サービスの個別化とあるように、何が問題で、いかなるサービスを必要としているのか、その人や家族にふさわしいサービスはどのようなものであり、どこに空きがあるのか、それは質のよいサービスであるのか、どのように手続をすれば利用することができるのかなど、利用者の抱える込み入った事情と複雑でわかりにくい制度体系を解きほぐし、互いを結びつけるという作業を行う必要があるからです。

　こうした過程は、ニーズとサービスに関する情報のやり取りとコーディネート

(＝調整）によって成り立っています。つまり、福祉情報が活用されているわけです。そして、この過程を担っているのが、専門的な知識と経験を備えたソーシャルワーカーやケアワーカーといった福祉実践に携わる人々です。つまり、対人援助サービスは、情報の活用を基礎としており、福祉実践に携わる人々は、実は情報のコーディネーターでもあるというわけです（生田 1999：21-23)。

　福祉情報の構成と活用のあり方を分析してみると、対人援助サービスだけではなく、ボランティア活動や地域活動、国や地方自治体による福祉行政、福祉施設や機関の運営など、福祉のあらゆる領域で、情報のやり取りがベースになっています。ヒューマンサービスといわれる福祉も、社会の他の分野と同様に、情報という資源を活用して展開されているわけです。

3） 情報化で福祉を変える

　福祉情報化は、「社会福祉の向上を図るため、社会福祉の諸活動において情報の価値を重視し、情報技術を活用しながら、その積極的な活用と流通が図られている状況であり、併せて、そのために必要な環境整備をおこなうこと」（生田 1999：51) と定義することができます。基本になっているのは、情報をどのように活用すれば福祉の向上を図ることができるのかという問題意識であり、福祉の領域において情報を積極的に活用するための仕組みと体制はいかに整備されるべきかという課題への取り組みです。

　福祉は、他の分野に比べ、情報の活用が、まだあまり進んでいません。その原因は、歴史的な経緯のなかに求めることができますが、福祉のあり方が、少子高齢社会への対応に向け大きく変わろうとしている今、福祉サービスの利用者である私たちにとって、より身近で、より良い福祉へと変えていくためにも、福祉の情報化を進めることが大きな課題になっています。

3　福祉情報化の展開

1） 福祉情報化の二つの側面

　実際に展開されている福祉情報化は、大きく二つの体系に分類することができます。一つは「福祉を支える情報化」、もう一つは「福祉を拡げる情報化」です。

このうち「**福祉を支える情報化**」は、福祉サービスの実施や運営を支えるために開発・導入されるさまざまな業務支援用の情報システムを利用した取り組みや、新しい福祉サービスの利用を支える各種のホームページによる情報の提供などの取り組みを指しています。また「**福祉を拡げる情報化**」は、生活上あるいは社会生活上のハンディキャップをもつ人々の自立および生活を支援するために開発・導入されるさまざまな情報機器・情報システムを利用した取り組みや、情報機器および情報システムを利用して行われる人々の連携と共同およびエンパワメント（empowerment：力をつけること）を支援する取り組みを指しています。

2） 福祉を支える情報化

福祉を支える情報化は、地方自治体における業務用の情報システムからスタートしたと考えられます。その歴史は意外に古く1960年代にさかのぼることができます。保育所利用者からの保育料徴収管理や各種福祉資金の貸し付け管理、生活保護制度の運営・管理などの業務支援を皮切りに、その後、住民基本情報システムや税務・財務のシステムなど、役所内の他の業務用システムとの連携が進み、今日では、福祉総合情報システムとして、役所の窓口における各種の手続を一度に済ませることができる「ワンストップ・サービス」を実現している自治体もみられます。最近では、2000年度に、介護保険制度のための被保険者管理や要介護認定のための情報システムが導入されています。

福祉サービスに関する情報を住民に提供するホームページの整備も1990年代に急速に進み、今日では、ほとんどすべての地方自治体が、福祉や介護に関するホームページを開設しています（地方自治情報センターの運営する「NIPPON-Net（ニッポンネット）：http://www.nippon-net.ne.jp/」から各地のホームページにリンクが張られています）。国についても、厚生労働省のホームページ（http://www.mhlw.go.jp/）や、福祉・医療機構の運営する WAM NET（http://www.wam.go.jp/）が提供されています。

また、福祉施設や在宅サービス機関においても、介護保険にかかわるケアマネジメントのためのシステムや、預り金管理システム、給食管理システム、勤務表作成システム、給与計算管理システムなどの導入が増え、なくてはならない存在になりつつあります。また、ホームページを開設し、サービスに関する広報や情

報提供を行う施設や機関も増えました。

3） 福祉を拡げる情報化

福祉を拡げる情報化は、「自立支援および生活支援」と「ネットワーキングおよびエンパワメント」というアプローチがみられます。

前者については、アシスティブ・テクノロジー（＝支援技術：Assistive Technology）の観点から、意思表示が困難な人々の意思伝達を支援するコミュニケーション機器や行動を支援する福祉情報機器（財団法人 保健福祉広報協会のホームページ：http://www.hcr.or.jp/ から検索できます）、バリアフリーやユニバーサルデザイン、アクセシビリティ向上の観点から、障害をもつ人のパソコン利用やコミュニケーションを支援するホームページ（例えば、こころ Web：http://www.kokoroweb.org/ やパソコンボランティア支援センター Web：http://www.psv.gr.jp/ など）、障害者の自立生活を支援するホームページ（例えば、全国自立生活センター協議会：http://www.j-il.jp/ など）などがあります。

後者については、障害をもつ人が自身で設置・運営しているホームページやメーリングリスト、支援活動やボランティア活動のためのホームページやメーリングリスト（福祉と障害者支援情報の総目次：http://rel.chubu-gu.ac.jp/soum-okuji/h-index.html で探すことができます）などがあります。

4） 今後の課題

最後に、今後の福祉情報化について考えるうえで重要な課題について述べておきたいと思います。まず「情報弱者」の問題があります。

一般に情報弱者という場合、高齢者や障害者を指している場合が多いようです。情報へのアクセスに困難があったり、パソコンなど情報通信機器の利用が苦手と見なされているためと思われますが、はたしてこれらの人々だけが「情報弱者」なのでしょうか。情報は、非常に便利で役に立つ反面、使いこなしが容易ではありません。例えば、福祉制度に関する情報をどこで入手すればよいのか、入手した情報が正しいものであるのか、どう利用すればよいのかなど、誰もが対応できるわけではありません。言い換えれば、誰もが「情報弱者」なのではないでしょうか。したがって、誰にとっても情報を入手しやすく、利用しやすくすること、

すなわち情報のバリアフリー化が大きな課題といえるでしょう。

　もうひとつ、個人情報保護の問題があります。福祉や介護に関する情報のうち、ニーズ情報や処遇情報は、個人情報の固まりです。本人や家族にとっては、可能なかぎり、内輪に止めておきたい事柄も多く含まれています。こうした情報が、無用に流出しないように、目的以外に使われないようにするには、どうしたらよいのでしょうか。反面、個人情報を明らかにしないと自分にふさわしいサービスが受けにくいという特性も福祉情報は備えています。ただ単に保護するだけでは、役割が果たせないというところに、この問題の難しさがあります。

　福祉や介護の分野では、情報の活用が本格化しはじめたばかりです。ともすれば「人」という要素に注目と関心が集まりがちな分野であることに加え、情報化をIT・コンピュータという狭い視野でとらえてしまう場合が多く、人と情報、福祉と情報の密接なつながりを見過ごしてしまうことが少なくありません。情報の活用が苦手だといってもいいでしょう。しかし、福祉の未来に立ちはだかる厳しい現実に立ち向かうためには、福祉の立場から、福祉の向上のために、情報という資源を活用することが不可欠になります。そうした問題意識を私たちが共有すること、それこそが最大の課題といえるでしょう。　　　　　　〔生田正幸〕

引用文献
生田正幸（1999）『社会福祉情報論へのアプローチ』ミネルヴァ書房。

読者のための参考図書
金子郁容（1992）『ボランティア──もうひとつの情報社会』岩波新書。
　　ボランティアについて、情報とネットワークという視点から新しい考え方を提起しています。
森本佳樹監修（2003）『IT時代の介護ビジネス』ミネルヴァ書房。
　　介護サービスを支えるさまざまな情報システムについて紹介するとともに、介護サービスとITのあり方に関する考え方が示されています。
川崎賢一ほか編（2004）『NPOの電子ネットワーク戦略』東京大学出版会。
　　NPO（非営利組織）が電子ネットワークを活用することでめざそうとしている新しい方向について具体的な事例を通して展望しています。

第14章
ソーシャルワーク
――社会福祉実践――

キーワード　社会福祉実践、ソーシャルワーク、価値と倫理、知識、技術

1 ソーシャルワークとは

1）ソーシャルワークの必要性

　私たちは、生活していくなかで、さまざまな問題に直面し、対応を迫られることがあります。例えば、あなたの家の家計を支えている人が病気で倒れ、収入が途絶えて貯蓄も使い果たしたら、生活費や医療費をどう工面しますか。あるいは、交通事故で足の機能を失い、移動に車いすが必要になったら、物心両面において今のままの生活が続けられますか。子どもが不登校になり、手をつくしても状況が変わらないとしたら、どうしますか。他にも、この本の他の章にみられるように、人権や差別・偏見、貧困、健康問題、身体・知的・精神における障害、介護、家族内の暴力や子育て、子どもの発達、文化適応などにかかわるさまざまな生活問題があります。

　これらの問題は個人や家族内で解決可能な場合もあれば、近所の人たちや友人の助けで対応できるときもあります。しかし、ときには、どうしても解決策が見つからず、頼れる人もなく、当事者は途方にくれることがあります。周囲に力になりたいと思っている人がいても、問題が複雑で深刻なために普通の人では対応できないこともあります。なかには、ショックや絶望で課題に取り組む意欲すらなくしてしまったり、問題の存在そのものを無視して周りからの支援を拒否する人もいます。

　このような場合、当事者が問題に対処できるように支援する専門家が必要とな

ります。また、地域住民の助け合いを促したり、地域にあるサービスを整備することで問題に対処しやすくなるように、あるいは問題の発生そのものを予防できるように地域環境の改善を行うことも重要です。**ソーシャルワーク（社会福祉実践）**とは、そのような生活問題の解決支援や地域社会の環境改善に専門的に取り組むことです。そして、ソーシャルワークを実践する人のことを**ソーシャルワーカー**と呼びます。

2）ソーシャルワークの目的

「ソーシャルワーク専門職は、人間の福利（ウェルビーイング）の増進を目指して、社会の変革を進め、人間関係における問題解決を図り、人びとのエンパワーメントと解放を促していく。ソーシャルワークは、人間の行動と社会システムに関する理論を利用して、人びとがその環境と相互に影響しあう接点に介入する。人権と社会正義の原理は、ソーシャルワークの拠り所とする基盤である。」これは、国際ソーシャルワーカー連盟（IFSW）が2000年に採択した「**ソーシャルワークの定義**」です。

この定義にあるように、ソーシャルワークは、人間の福利の増進、すなわち「すべての人びとが、彼らのもつ可能性を十分に発展させ、その生活を豊かなものにし、かつ機能不全を防ぐことができるようにすること」（IFSW定義の解説より）をめざしています。とりわけ、社会的に不利な状況に置かれている人、社会的弱者、差別や暴力などにより抑圧されている人が、その状態から解放され、本来もつ力を回復・増進できるよう取り組みます。そして、その取り組みは、人権と社会正義を基盤にしており、人と環境が相互に影響しあっていることに着目しながら行われるのです。

では、その取り組みの内容はどのようなものでしょうか。大きく分けると次の四つの目的をもってソーシャルワークは実践されています（米国ソーシャルワーク教育学校連盟 CSWE 1994：135）。

① 課題の達成、苦痛の予防や軽減、資源の活用を支援することを通して、個人や家族、グループ、組織、地域の社会機能を促進、修復、維持、増進すること。

② 人間の基本的ニーズを充足し、人間の可能性を発展させるのに必要な社会

政策、サービス、社会資源、プログラムを企画し、組織立て、実施すること。
③　組織的・行政的なアドボカシー（権利擁護・代弁）や、社会的・政治的活動を行うことを通して、政策、サービス、資源、プログラムが、社会的に不利な状況に置かれている（置かれそうな）人々の力を回復・促進したり、社会的・経済的な正義を推進するものになるようにすること。
④　上記の目的に関連する専門的な知識と技能の開発や確認をすること。

つまり、ソーシャルワーク実践は、個人、家族、グループ、地域社会が社会的に機能する能力を向上または回復できるよう援助したり、そのために望ましい社会条件を作ろうとするものなのです（Barker 1995 : 154）。

3）わが国のソーシャルワーク

わが国では、福祉事務所や児童相談所、婦人相談所、身体障害者更生相談所、知的障害者更生相談所、保健所などの行政機関、児童や障害児・者、高齢者のための公立あるいは民間の福祉施設、在宅介護支援センター、地域生活支援センター、病院、社会福祉協議会、NPO法人などさまざまな機関や施設でソーシャルワークが行われています。ただし、ソーシャルワークを行う人はソーシャルワーカーと呼ばれず、他の名称で呼ばれる方が多いのが現実です。例えば、指導員、保育士、相談員、ケースワーカー、児童福祉司、老人福祉司、身体障害者福祉司、知的障害者福祉司、母子福祉司、社会福祉主事、ケアマネジャーなどはソーシャルワークを行う人だといえます。

これは長年、わが国ではソーシャルワークの専門性が社会的に認知されず、共通基盤をもつ専門職というより、異なる法律・制度の枠のなかにある別個の職務だととらえられていたからです。1987年に「**社会福祉士**」、1997年に「**精神保健福祉士**」というソーシャルワーカーの国家資格が創設され（社会福祉士は福祉分野全般で働く資格であるのに対し、精神保健福祉士は精神保健福祉分野で働くための資格です）、ようやく専門職としての共通基盤の整備が進んできました。しかし、依然、専門性についての社会的認知は十分ではありません。例えば医師の業務は医師の資格がなければ行うことができません。これを業務独占といいます。ソーシャルワーク業務は業務独占ではなく、社会福祉士あるいは精神保健福祉士の資格がなくても行うことができます。

実際、今の福祉の現場には、社会福祉士や精神保健福祉士といった国家資格を取得した人と無資格の人が混在しています。無資格者のなかには、福祉の専門教育や研修を受け、高い専門性をもつ優秀なソーシャルワーカーがいる一方、専門性を習得する機会がなくソーシャルワークの機能について十分に理解しないままに福祉業務を行っている人がいます。地方自治体のなかでも、福祉職を専門職として採用しているところは少数であり、多くの自治体は、一般行政職として採用した人を福祉職に任命します。ソーシャルワークの機能を十分に活かし、よりよいサービス提供を行うために、専門性を向上させ、社会的認知を得ることが今後の大きな課題です。

2　ソーシャルワークの基盤

1）価値と倫理

　価値とは、何がよいか、あるいは何が望ましいかを判断する基準です。この判断基準は、私たちの考え方や感じ方、そして行動に大きな影響を及ぼします。一般に価値は人によって異なりますが、専門職には、それぞれ共有する価値があり、その価値の実現に向けて取り組んでいます。**ソーシャルワーク専門職の普遍的価値**としては、ブトゥリム（Z. T. Butrym 1986：59-66）が述べているように、①人間尊重、②人間の社会性、③変化の可能性の三つがあります。

　人間尊重とは、人は皆、できることや持っているもの、素性に関係なく、無条件に尊重されるべき存在だという信念です。これはソーシャルワークの最も中心的な価値であり、ここから受容、個別化、自己決定の尊重、秘密保持といったソーシャルワークの他の価値や原理原則が引き出されています。人間の社会性とは、人はつねに他者とかかわりあいながら生きており、相互に依存する存在であることを認めることです。共生やノーマライゼーションを当たり前のことと考え、問題解決のために他者のサポートや地域の資源を活用するのも、また社会参加を重視するのも、この価値に基づいています。変化の可能性は、人は成長し、変化する可能性をもっていることについての信念です。自立支援や自己実現の支援、また、困難な状況においてもあきらめずに取り組み続けるのは、この価値があるからです。

これらの専門職の価値を明文化し、「〜であるべき」「〜するべき」という行動指針として専門職の組織が宣言したものが倫理綱領です（川村隆彦 2004：72）。日本ソーシャルワーカー協会と日本社会福祉士会が採択している「**ソーシャルワーカーの倫理綱領**」には、人間としての平等と尊厳の尊重、自己実現の権利とそれを可能にさせる社会の責務、ワーカーの職責が明示されています。そして、クライエントとの関係、機関との関係、行政・社会との関係におけるソーシャルワーカーのあり方や責務、また専門職としての責務が示されています。会員であるかぎり、これらの倫理綱領を遵守することが求められます。

2）知　識

　ソーシャルワーカーが究極的に何をめざすかは、価値と倫理から導き出されます。しかし、目標に到達するためには、知識が必要です。どこかに行くときに地図を見て現在地と目標地点を把握し、目標地点までの経路と到達方法を知っていなければならないのと同じことです。**ソーシャルワーク実践に必要な知識**は幅広く、次の五つの領域に分けられます（Hepworth, Rooney and Larsen 2001：13-15）。

① 人間の行動と社会環境：人を理解するためには、まず人間の身体的・心理的・社会的発達と、家族・グループ・組織・地域といった社会環境についての知識が不可欠です。特に問題状況の把握のためには、それぞれの発達段階でのニーズと必要な資源について知っている必要があります。人と環境がどのようにかかわっているかを理解するための理論やモデルは、状況把握や支援方法の選定に際し、とても役に立ちます。

② 社会福祉政策とサービス：社会福祉の法律や制度の仕組みとその運用について知っていることは、現状を理解し、社会資源をうまく活用し、さらに現在の制度やサービスを改善していくための前提です。

③ ソーシャルワーク実践の方法：ソーシャルワークの目的達成のためには、実際に人や家族、グループ、地域の社会機能を高めたり、社会条件を改善していくための方法やプロセスについての知識が必要です。

④ 調査：科学的な根拠に基づくサービス提供を行うために、ソーシャルワーカーには調査報告や論文を読みこなす力が必要です。同時に、自分のかかわる実践を評価し、知識基盤の強化に協力するためにも、調査の方法を身につ

けなければなりません。
⑤ 福祉の現場：特定の状況で、特定の人々を援助する場合に必要な専門知識があります。求められる知識は、ソーシャルワーカーが働く現場によって異なります。また、それぞれの現場に固有のネットワークとやり方がありますので、それらについて知ることは、仕事を効果的・効率的に進めるのに有効です。

3）技　術

　ソーシャルワーク実践のためには、知識を具体的に活用し、専門職がもつ価値を具現するための技術が必要です。いくら豊富な知識をもっていても、確かな価値と倫理に支えられていても、それらを現実の世界に結びつける技術がなければソーシャルワーク実践は不十分なものになります。ダットン（J. Dutton）とコーリー（R. Kohli）は、**ソーシャルワーカーに必要な技術**を五つに分けています（藤井美和 2002：55-66）。
① 関係形成の技術：ソーシャルワークの技術の中で最も基本的かつ重要な技術です。利用者や関係者とのあいだに信頼関係とパートナーシップを築くことが、効果的なソーシャルワークを行う第一歩となるからです。そのためには、まず、他者を自分の枠にはめて見ないように、自分自身について知ること（**自己覚知**）が必要です。また、価値や倫理を態度や言葉で表し、他者と互いについての理解を深めるためのコミュニケーションの技術も必要です。
② 知識を実践に応用する技術：知識は、ただ知っているだけではソーシャルワークの役に立ちません。例えば、発達理論を学んだら、その理論を通して発達に関して具体的にどのような情報が支援に必要なのかが分かり、実際にそれらの情報を得られるようになることが重要です。知識を応用する力をつけることが肝心です。
③ 資源の活用とマネジメントの技術：資源を活用するには、それぞれの資源の長所や短所などの特徴や活用の手続・方法をよく理解して、利用者の状況に応じて使い分けることが求められます。また、資源の関係者が連携・協力することが必要な場合もあり、マネジメントの技術も要求されます。
④ 記録の技術：記録は、ソーシャルワーカーが、状況をどのように理解した

か、いかなる方針・計画をたてたか、そして実際に何を行ったか、その評価はどうであったかを示すものです。良質のサービス提供のため、そして実践の証拠を残すため、記録は重要です。記録に何を書くかは、ソーシャルワーカーとしての専門的な判断にかかっているので、適切な記録を書くためには、明確に書く技術と同時に専門性を磨くことが必要です。

⑤ 運営・管理の技術：機関や施設がその役割を果たすためには、健全な運営と管理が必要です。理念の明確化、事業の計画・実施・評価、予算、人事、教育研修、安全、地域や他機関・施設との連携など、運営・管理にはさまざまな業務があり、それらについての知識とともに、判断力、調整力、統率力、実行力などさまざまな技術と能力が求められます。

3 ソーシャルワークの実践

1）ソーシャルワーカーの役割

　ソーシャルワーカーは、場面や状況に応じてさまざまな役割を担います(Sheafor, Horejsi and Horejsi 1999: 55-67)。ここでは、Aさん（70歳の女性）のケースを担当するソーシャルワーカーがどのような役割を果たすかみてみましょう。

　Aさんは、昨年、脳梗塞になり、2か月間入院して治療を受けましたが、右半身の麻痺と軽い言語障害が後遺症として残りました。退院後の生活について悩んでいたAさん夫妻を、主治医が、病院に併設されている在宅介護支援センターのBソーシャルワーカーに紹介しました。

　Bソーシャルワーカー（以下、ワーカーと略）が、夫妻に話を聞くと、当初、Aさんの夫は、車いすが必要なAさんが自宅に戻るのは無理なので、Aさんが施設に入所できるようにして欲しいと言いました。Aさんは、苦しそうに黙ったまま何も言おうとしませんでしたが、Bワーカーが〈カウンセラーとして〉2人だけでゆっくり話を聞くと、後遺症が残ったことへのショックと夫に迷惑をかけることへの心苦しさを語り、遠慮からどうしても言い出せないが本当は自宅に戻りたいと打ち明けました。そこで、Bワーカーは〈代弁者として〉、Aさんの本当の気持ちを夫に伝え、在宅生活の可能性を探ってみることを提案しました。夫は初

めて妻の気持ちを理解し、在宅生活にむけて一緒に取り組むことを約束しました。
　Bワーカーは〈仲介者として〉、在宅サービス利用のために、介護保険について説明し申請の手続を支援しました。介護認定の結果、要介護2と判定され、Aさんは介護サービスが利用できることになりました。退院までに車いすでの生活ができるように家の中の段差をなくし、玄関には昇降機をつけ、退院後は、Aさんの希望で、心身の機能を維持するために、水曜日はデイサービスを利用し、月・金曜日はホームヘルプサービスで自宅での入浴ができるようにBワーカーは〈ケアマネジャーとして〉手配をしました。
　デイサービスを利用し始めて間もなく、AさんがBワーカーにデイサービスの利用をやめたいと言ってきました。理由を聞くと、基本的にデイサービスには満足しているが、他の利用者からAさんの好みにあわないプログラムに参加しようとしつこく誘われるが、言語障害のせいでうまく断れず、いやな思いをしているとのことでした。そこでBワーカーは〈コーチとして〉、誘われたときの断り方を一緒に考えて断る練習の相手を務めました。また、Aさんから食事の宅配サービスがあればいいとの希望を聞き、Bワーカーは〈社会変革者として〉地域のサービス提供者連絡会議のときに、地域に食事の宅配事業ができないか提案しました。Bワーカーは、センターに帰ると、〈管理者として〉センターの予算執行状況などを確認し、〈人材養成者として〉新人ワーカーの指導を始めました。
　このように、ワーカーはいくつもの役割を果たしているのです。

2）ソーシャルワークのプロセス

　ソーシャルワーク実践は、一定の**プロセス**を経て行われています。それは、①課題（問題）の発見とスクリーニング、②アセスメント（情報収集と分析）、③計画の策定（何を目標として、誰が、いつまでに、何を、どのように行うのか、を決定）、④計画の実行とモニタリング（監視）、⑤結果の評価という5段階からなっています。ただし、モニタリングで計画どおりに進んでいないことが明らかになったり、状況が変化したり、計画に不備がみられた場合は、前の段階に戻ってアセスメントの内容や計画を修正し、再実施します。そして、このようなサイクルが、**ソーシャルワークの介入**が不要になるまで、あるいはケースの終了まで続きます。

このプロセスは、ソーシャルワークであれば、どのレベルでも共通ですが、取り組みの対象が、個人や家族の場合と、大きな組織や地域の場合では、情報収集の方法や計画の中身が変わってきます。例えば、個人や家族を支援する場合は、情報収集は主に面接を通して行われ、利用者・家族とサービス提供者とのケアカンファレンスをもちながら、計画をたてます。計画の内容は、生活の質を向上させるために行動や認知を改善することやサービス利用にかかわることになります。計画実施中・実施後の評価は、ソーシャルワーク・サービスが役に立ったか、つまり効果があったか、関係者の中で評価を行います。今後は、適正な評価とサービス向上のため、プライバシーに配慮したうえで、第三者評価も行われるようになるでしょう。

一方、大きな組織や地域に介入する場合は、情報収集のために、個別面接だけでなく、既存の統計データを調べたり、グループでのヒアリングや住民懇談会を開催して関係者の話を聞いたり、調査を実施します。そして、それらの結果に基づいて課題の抽出や目標設定を行います。また、計画策定時には公聴会で一般の人々の意見を聞くことが必要になりますし、計画を実行する際も多くの人たちがかかわります。計画の内容は組織や地域の人々を対象とするプログラムであったり、サービスの整備や開発にかかわるものになります。公共性が強いので、評価についても公表することが必要です。

3）実践の課題と今後の方向性

上記の実践のプロセスを一段階ずつ、きちんとこなしていくことが、効果的なサービス提供につながるのですが、現実には、業務量の多さ、人手不足、時間不足、知識や技術の不足、職業倫理の不十分さなどで、すべてを丁寧に行うのが困難な状況がときとして見受けられます。ソーシャルワーク・サービスの質を向上させるためには、適正な業務量や労働環境を確保し、そのうえで研修や教育の機会を保障することがきわめて重要です。専門性を培い、重視する社会条件を作ることが大切なのです。

また、実践のプロセスのなかでも特に弱いのは、評価です。どのような場合に、どんなサービスが役立つのか、あるいは、どのような支援のあり方が役に立つのか、もっと調べて情報を共有化し、蓄積していく必要があります。そうすれば、

根拠に基づいたサービス提供が可能になります。ただし、サービスの評価は、人が相手であり、さまざまな要因が絡みあっていて、諸条件をコントロールできる実験室の中の研究とは違いますから、慎重に行うことが望まれます。

さらに、これからは**連携**が重要です。人の生活や地域社会に関心を寄せ、よりよいものにしていこうとする職種が福祉以外にたくさんあります。医学や看護、公衆衛生、教育、心理、建築、工学など、さまざまな領域の人たちと協力することで、個々の職種の限界を超えることができます。社会状況が変化していくなかで、領域を超えて話し合い、理解しあうためには、自分の役割やアプローチの方法、そしてそれらの限界を認識し、明確に話せなければなりません。そのためにも、つねに勉強し続けることが必要です。

〔岡田まり〕

引用文献

Barker, Robert (1995) *The Social Work Dictionary*, NASW Press.
Butrym, Z. T. (1976) *The Nature of Social Work*, The Macmillan Press. (＝1986, 川田誉音訳『ソーシャルワークとは何か――その本質と機能』川島書店。)
Council on Social Work Education (1994) *Handbook of Accreditation Standards and Procedures* (4th ed.), CSWE.
藤井美和（2002）「ソーシャルワーク実習の前提となる価値・知識・技術」岡田まり・柏女霊峰・深谷美枝・藤林慶子編『ソーシャルワーク実習』有斐閣：34-70。
Hepworth, D. H., Rooney, R. H. and Larsen, J. A. (2001) *Direct Social Work Practice : Theory and Skills* (6th ed.), Brooks/Cole.
川村隆彦（2004）「社会福祉士がもつべき価値と職業倫理」日本社会福祉士会編『新社会福祉援助の共通基盤 上』中央法規出版：70-89。
Sheafor, B. W., Horejsi, C. R. and Horejsi, G. A. (1999) *Techniques and Guidelines for Social Work Practice* (5th ed.), Allyn and Bacon.

読者のための参考図書

仲村優一監修／日本ソーシャルワーカー協会倫理問題委員会編集（1999）『ソーシャルワーク倫理ハンドブック』中央法規出版。
　　ソーシャルワークの倫理綱領を具体的な例を通して考え、学ぶことができます。
野村豊子・北島英治・田中尚・福島廣子（2000）『ソーシャルワーク入門』有斐閣。
　　ソーシャルワークの視点、理論、技術、関連要因などがコンパクトに紹介されています。
平山尚・平山佳須美・黒木保博・宮岡京子（1998）『社会福祉実践の新潮流――エコロジカル・システム・アプローチ』ミネルヴァ書房。
　　ソーシャルワーカーの実力向上にむすびつく最新の実践理論と介入技術が分かりやすく説明されています。

第Ⅲ編

福祉社会の今後を考える

第15章
地域社会と住民生活
——孤立・分散の競争社会から連帯・協働の福祉社会をめざして——

キーワード 農村型社会、都市型社会、現代の生活困難、社会福祉基礎構造改革、福祉社会

1 少子高齢社会の進展

　最近、高齢者福祉施設や介護用器具・装着類、あるいは葬儀場の各種宣伝広告に接する機会が増え、そして、街中にでれば、頻繁に往来する高齢者送迎車によく出くわします。その反面、繁華街やデパート・遊園地で子どもたちの姿を見かけることは、少なくなっています。居住地の児童公園でも、放課後・休日に大勢の子どもたちが遊びまわっているところを、もはや見かけることはできません。都市でも農村でも、全国いたるところで小中学校の統廃合が加速化されていますし、大学では、2007年には志願者のすべてが入学可能となる「全入時代」になります。まさしく少子高齢社会の到来を、私たちは日常生活のなかで日々実感させられているところです。

　国立社会保障・人口問題研究所の『日本の将来推計人口（平成14年1月推計）』(2002)によれば、2050年には、高齢化率（全人口に占める65歳以上人口の割合）は35.7％と、およそ3人に1人が65歳以上の高齢者になります。日本のこの高齢化率は、**図1**のとおり5か国のなかでもずば抜けて速いテンポで上昇しています。90年代以降の合計特殊出生率の顕著な低下傾向に歯止めをかけることができなければ、大規模な人口減少は避けることができません。2050年までに人口が3千万人前後も減り、日本の全人口は1億人を割ることになります。

　これまでの歴史のなかで、人間が体験したことのない本格的な少子高齢社会を

第 15 章　地域社会と住民生活

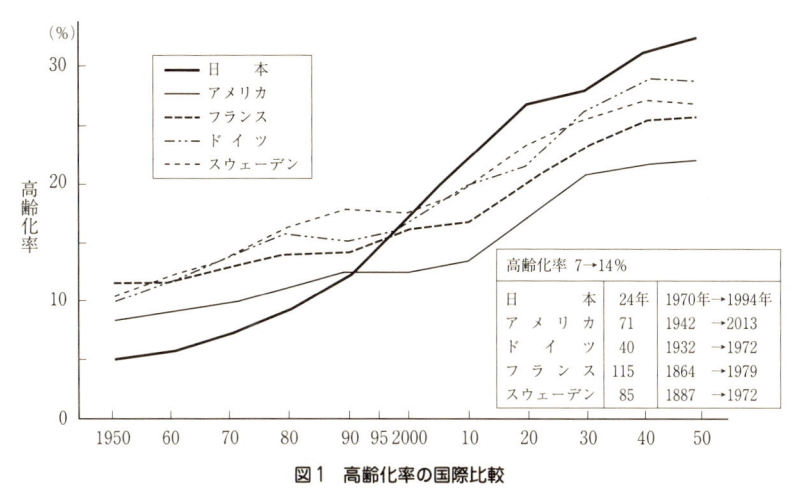

図1　高齢化率の国際比較

高齢化率 7→14%

日　　本	24年	1970年→1994年
アメリカ	71	1942 →2013
ド イ ツ	40	1932 →1972
フランス	115	1864 →1979
スウェーデン	85	1887 →1972

資料：総務庁統計局、国立社会保障・人口問題研究所、U. N. "The Sex and Age Distribution of World Population" 1998.
出所：綜合社（2001）『情報・知識 imidas2001』集英社。

迎えるにあたって、私たちはこれまでの経済発展によって享受しえている利便で快適な物質的な生活を維持しつつ、現在までのところ解決しえていないさまざまな生活問題・社会問題を解決して、生まれてきて本当によかったと思えるような生活・生き方をこれから実現していけるのでしょうか。考察対象を「地域社会と住民生活」に焦点をあてて、検討してみましょう。

2　地域社会の構造的変動

1）　農村型社会から都市型社会へ

　松下圭一（1991）は、人類社会が数千年つづいた**農村型社会**から工業化・民主化をへて**都市型社会**に移行する、といっています。日本では、高度経済成長の開始で前者から後者への離陸が始まり、1980年代以降、経済大国となり、農業就業者数が全就業者数の10％を切り、ガヴァナンスが国際機構、国家、自治体の三つのレベルに分節化されることで、都市型社会の成立をみています。

2） 農村型社会の地域社会

　農村型社会における地域社会の基本型は、村落共同体です。日本の村落共同体の特質を解明した先駆的研究としては、農村の社会関係・社会集団の空間的配置に焦点をあてて「自然村」を摘出した鈴木栄太郎（1940）と、農家間の系譜関係を中心に社会関係を分析して家連合理論を樹立した有賀喜左衛門（1948）が有名です。鈴木が地縁を、有賀が血縁を強調したことになりますが、地縁的・血縁的社会結合に基づく自己完結的村落が地域社会そのものだったのです。それは、あたかも大海に浮かぶ小島のように、日常的には外部社会と没交渉に近い社会的形態です。

　そこでの社会的仕組みは、次のようになっていました。家父長的な家族が農業生産を担い、自ら生産したものを消費する自給自足経済が経済的基礎です。稲作においては、基本的には家族労働力と畜力が個別経営にとっての基幹労働力・労働手段ですが、農繁期には共同労働組織が必要とされ、河川・共有林の管理・利用、道普請など、農業生産が遂行されるためには村落を単位とする無償の協働が必要不可欠でした。このような協働の必要性から村落の全構成員を統制する強力な社会的規範が形成され、この社会的規範のもとに村落社会の生産・生活・政治・文化などすべての領域で濃密な社会的統合力が保持されていました。

　当時の人々の生活ぶりは現在から振り返ってみると、想像を絶する貧弱な側面ととても温かでゆったりとした側面の両面が交錯して営まれていました。土地・水・日照などの自然的条件に依存する農業生産に基づく自給自足が基本であるだけに、衣食住などの生活手段は限定的にならざるをえません。それゆえに、冠婚葬祭などの諸行事はむらびとの総出と相互扶助によって、執り行われました。ここにも、協働が機能していたのです。

　以上のような農村型社会段階の地域社会と住民生活の特質として、①土地と結合する農業が地域産業のため先祖から子孫へ農地が継承され、住民移動が少なく、②地域社会の単位と規模が村落（＝むら、集落）であることから全構成員の日常的な体面接触が可能であり、③農業生産上の共同労働と生活上の相互扶助関係の形成から強力な社会的規範が成立しており、④土地所有の大小や家の系譜関係によって、少数の有力農家と多数の中小・零細農家が発生し、両者の支配・従属関係が成立する、⑤むらのなかの各種の濃密な社会関係の網の目が、個人の自立・

第15章 地域社会と住民生活

自由よりも、むら全体の和合を優先させる機能を発揮する、その結果として有力農家の利益が確保される、などが挙げられます。このような社会では、社会福祉という考え方は発生してきません。

3） 都市型社会の地域社会

ところが、日本の高度経済成長期（1955～1973年）のような市場経済の急激な進展によって、①重化学工業化を軸とする工業化社会への移行、②農村から都市への大規模な人口移動、③都市のみでなく農村にまでおよぶ社会全体への都市的生活様式の普及、が実現します。その結果、地域社会は数千年続いた農村型社会から文明の光と影が交錯する都市型社会へと構造的に変動していきます。

都市型社会段階の地域社会と住民生活の特質は、①利潤追求を目的とする資本は利益を獲得しうる場所に経済活動拠点を求めるために、繁栄する地域と衰退する地域の発生が避けられない（＝地域不均等発展）、②経済活動は生産・流通・販売の循環を通じて社会的分業を伴いつつ加速度的に拡大再生産されていくために、経済循環規模が地域経済から国民経済へ、さらに世界経済へと発展し、特定の地域社会内での完結的な経済循環が破壊されていく、③経済のこうした動向に規定されて、人々も雇用と就業機会を求めて地域間移動を余儀なくされ、その結果農村から都市への大移動が農民から賃金労働者への階級間移動を伴って発生する、④経済的には地域社会の境界線は限りなく広がりかつ薄くなっていくが、都市への人口集中とその受け皿（＝都市基盤整備）の不充足による都市問題・地域問題の激化など「現代的貧困」（宮本憲一 1999）への地方自治体の対策が強まるにつれて、その行政的範域が新しい地域社会となる、⑤都市で大半を占める労働者は企業と雇用契約関係を結び労働力支出の対価として賃金を得て多種多様な生活手段を購入する、居住地では見知らぬ者同士による共同生活が始まり、ここでは自由で自立しているが生存競争が強まるため、孤立、分散が社会関係の基調となる、というものです。このような社会では、**図2**のようにジニ係数が0.5になると所得の高い方から4分の1の世帯が全体の所得の4分の3を占める状態に近くなり、富める者と貧しい者との分裂が不可避となり、そこから機会均等の形式的平等の考え方から実質的平等を社会的に保障していくような社会福祉の理念や法制度が求められてくることになります。

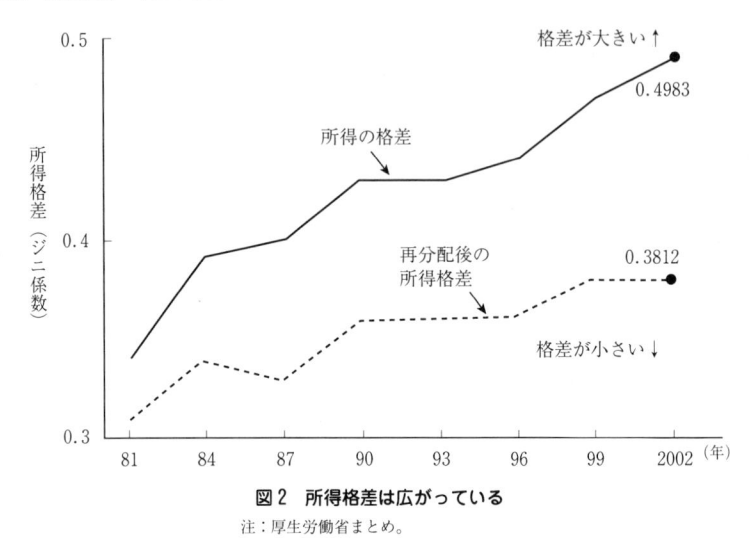

第Ⅲ編　福祉社会の今後を考える

図2　所得格差は広がっている
注：厚生労働省まとめ。
出所：『日本経済新聞』2004年6月26日付。

3　都市型社会と現代の生活困難

1)　都市型社会の光と影

　自然の資源を質料転換させて発展してきた物質文明は、地球資源と地球環境の限界を鮮明にさせるほどまでに極大化してきています。現代人の多くは、この物質文明の計り知れないほどの恩恵に浴して、利便で快適な生活を享受しています。例えば、食生活では「飽食時代」といわれるほどカネさえ払えばなんでも好きなものを飲食でき、ほとんどの国民が各種電化製品・クルマを所有し、年間1千万人を超えるひとが海外旅行を楽しんでいます。

　ところが、この物質文明は市場経済によって実現されてきたがゆえに、地球上のすべての人々に利便で快適な生活をもたらしたわけではありません。市場経済のグローバル化によって、先進諸国と発展途上国の経済格差はますます拡大し、途上国では数億人が餓死状態のまま放置されている、といわれています。また先進国においても、利便で快適な生活を享受するためにはカネが必要であり、先の図2のように国民間の所得格差が拡大していけば、利便で快適な生活が享受できない人々が増大することになります。

2） 現代の生活困難

　農村型社会の典型的な貧困が絶対的窮乏といわれるように必要な生活手段の不足から最終的には死に至る生活状態を意味しているのに対して、成熟した都市型社会、言い換えれば現代の生活困難は現代人の生活の複雑な仕組みを反映して、必要な生活手段の不足に限定できない多面的な様相を呈しています。現代のこのような生活困難の特質を解明するためには、成熟した都市型社会の生活の仕組み、すなわち都市的生活様式の特質が把握されなければなりません。

　都市的生活様式とは、次のような歴史的社会的特質を有しています。まず個人・家族を生活単位として衣食住などの必要な生活手段を排他的に消費する個人消費においては、大量・多様な生活手段は商品形態として生産されカネと引き換えに購入される仕組みになっています。ここでは、所得の大小が生活水準を規定します。都市型社会になると、人々は個人消費のみでは生きることはできず、公共交通・学校・上下水道・医療・保健・公園・社会保障、などの不特定多数のひとが共同して利用・消費する共同消費が生活のなかで大きな比重を占めるようになってきます。これらの共同消費の主たる供給母体は政府・自治体などの専門機関です。行政の政策能力が、ここでの生活水準を規定します。さらに、人間が自然を統制・破壊し都市に人々が集住する都市型社会では、健康で文化的な生活を確保するためには、自然環境保全やアメニティが意識的に追求される必要がでてきます。ここでも、政府・自治体行政の政策能力がこの側面での生活水準を規定します。

　こうしてみてくると、都市的生活様式のもとでは、現代人が物質文明の成果を獲得して利便で快適なしかも健康で文化的な生活を享受しうるためには、一定の所得の獲得能力、限られた所得内で無限ともいえる大量・多様な生活手段から必要なものを適切に選択する能力、国民生活に深く関与してくる政治・行政に対して自分たちの要求を実現させる行動力、など多面的で高度な諸能力が必要となってきています。

　ところが、所得の獲得とは多くの場合、企業で働き賃金収入を得ることですが、企業側は企業間競争に勝つために労務費を極力抑制しようとするので能力主義管理を徹底させ、労働者間に雇用格差、賃金格差をもちこみます。他方、企業は自社商品を販売するために、あの手この手を駆使して販売攻勢を消費者にかけてき

第Ⅲ編　福祉社会の今後を考える

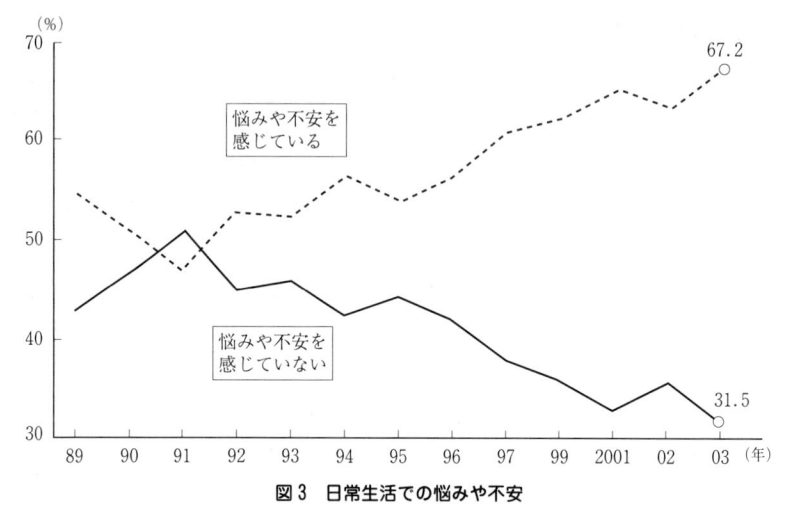

図3　日常生活での悩みや不安

資料：内閣府『国民生活に関する世論調査』2003年8月30日。
出所：『日本経済新聞』2003年8月31日付。

ます。そこで、自分の所得水準を超えて商品購入にはしり消費者金融に依存せざるをえなくなって、あるいは突出した嗜好・趣味から限られた収入の片寄った使途によって、生活の歪みが発生してくる、ということが少なくありません。このような慢性的雇用不安、恒常的過小収入、商品の過剰販売攻勢のなかで生きる現代人の多くは、自由・機会均等と引き換えに自己責任を負わされて、職場でも生活の場でも生存競争に勝つようにしむけられていきます。

　ストレス昂進、うつ病の蔓延、家族関係の不安定化、児童虐待、高齢者虐待、家出、離婚、自己破産、自殺、ホームレス、犯罪、これらの事象は都市型社会になって際立ってきた生活困難の結果ではないでしょうか。しかも、これらの諸事象は相互に関連しあっていることと、現代人であればだれもが体験しうる蓋然性を有しているところに、現代の生活困難の特質があります。**図3**のように、日常生活において「悩みや不安を感じている」ひとの急増は、現代の生活困難が社会的広がりをもったものであることを示しています。

第 15 章　地域社会と住民生活

4　地域社会の福祉社会への転換

1 ）　社会福祉基礎構造改革

　日本では、1990年代後半頃から上述のような地域社会構造変動と住民生活の変容をふまえて、社会福祉の基本原理を転換させる議論が沸き起こってきました。その議論が包括されて「**社会福祉基礎構造改革**」と表現されています。基本原理の転換とは、これまでの社会福祉の水準決定とその提供が政府・自治体などの**公的責任**によって行われていたものを、福祉サービス利用者とサービス提供者がサービス内容の選択をめぐって対等に利用と提供を契約するというものに変えていくとされています。そして、行政の役割は、このような新しい社会福祉制度・システムの適切な運用のための監視と福祉サービス利用料金への限られた助成ということに変わり、措置制度のときから大きく後景に退くことになります。

　2000年4月から開始された介護保険制度は、社会福祉基礎構造改革を具体化したものです。**介護保険制度**とは、措置制度では要介護者への公的費用負担と公的サービス供給であったのと違って、その財政は保険方式と一部利用者負担で賄われ、介護サービスは民間企業を含む各種の介護事業者によって提供される、というものです。激増する要介護者の発生に対して、家族や近隣などの私的介護力の衰弱と公的負担の肥大化に対応するものとして、この制度が導入されたのです。

2 ）　競争社会から福祉社会へ

　地域社会の歴史的構造的変動による都市型社会での新しい生活困難への対応策としての社会福祉基礎構造改革は、有効なのでしょうか。介護保険制度で明らかなように、少子高齢社会の急速な進展のもとでは高齢者介護を社会的に保障する制度・システムの制定としては評価できますが、介護サービス（＝福祉サービス）を**市場原理**の作用する仕組みにゆだねることはさまざまな問題点を発生させることになります。加齢による心身の衰えはひとであるかぎり、避けることはできません。要介護者となった場合には、所得水準など生活諸条件の違いに関係なく、すべてのひとが必要な介護サービスを受けられるべきですが、市場原理が貫徹すると、サービス内容が所得水準に制約されたり、必要なサービスを受けられ

ないということがでてきます。介護保険制度のこのような問題点は、社会福祉基礎構造改革が**市場化・営利化**を通じて福祉サービスを提供しようとするかぎり、児童福祉や障害者福祉でも同様にあらわれてきます。

　都市型社会になり、少子高齢化が進展し、生存競争が激化してくると、住民生活の共同性の弛緩化と地域社会の活力減退とが顕在化せざるをえません。反面、生存競争激化は住民の多くを高学歴化・自立化させ、かれらの知的水準を高めていきます。その結果、このような住民は生存競争への適応のみでは孤立・分散しかなく充実した生活を獲得しえないことを認識しはじめ、新しい生活スタイルを選択しはじめています。モノからこころの重視、自分らしさの追求、定年後の第２の人生へのリセット、ボランティア志向などが、その徴候です。そのような新しい生活スタイルの底流には、住民生活の場面では、かつての農村型社会の個人を埋没させた共同ではなく、個人の自立を前提とする自覚的主体的な連帯というこれまでにみられなかった高度でしなやかな人間関係・社会関係が萌芽として育っていくことになります。

　現在、地域社会のなかでは、住民の孤立・分散による共同生活の減退と新しい生活困難の克服・解決をめざす新しい生活スタイルを志向する住民のさまざまな取り組みが交錯しています。後者が住民の多数を占めるとき、地域社会は**福祉社会**に転換するでしょう。その段階では、これまで行政や社会福祉協議会などで策定されてきた**地域福祉計画**[4]が実体化した福祉社会の参画を得て、真に効力をもつことになっていくでしょう。

〔中川勝雄〕

注
(1) 合計特殊出生率とは、15～49歳の全女性の年齢ごとの出生率の加重平均値を意味します。長期的にみれば、2.1以上なければ人口は減少することになります（武川正吾ほか編（1999）『福祉社会事典』弘文堂、参照）。ちなみに、日本の合計特殊出生率（2003年）は1.29です。
(2) 第二次世界大戦前に作成された生命表（1935～1936年調査）によると、日本の平均寿命は男46.92年、女49.63年でした（『日本大百科全書　20』小学館、1988年３月参照）。
(3) 厚生労働省編『2003年版労働経済白書』（2003年８月26日）によれば、2002年にはパート・アルバイト、派遣など非正社員は1,451万人と全就業者の23％、約４人に１人を占めています。また、大手スーパー（14社）の2003年８月末時点のパートは合計約22万人で、全従業員数の４人に３人を占めました（『日本経済新聞』2003年11月16日付）。
(4) 社会福祉法（社会福祉事業法が2000年６月に改正される）の規定により、2003年度から市町村は「地域福祉計画」、都道府県は「地域福祉支援計画」を策定することになってい

ます。

引用文献
有賀喜左衛門（1948）『村落生活』国立書院（『有賀喜左衛門著作集Ⅴ』未来社、1968年に再録）。
国立社会保障・人口問題研究所編集（2002）『日本の将来推計人口（平成14年1月推計）』厚生統計協会。
松下圭一（1991）『政策型思考と政治』東京大学出版協会。
宮本憲一（1999）『都市政策の思想と現実』有斐閣。
鈴木栄太郎（1940）『日本農村社会学原理』日本評論社（『鈴木栄太郎著作集Ⅰ・Ⅱ』未来社、1968年に再録）。

読者のための参考図書
二宮厚美（2002）『日本経済の危機と新福祉国家への道』新日本出版社。
　　本書は、現代日本社会における生活問題・社会問題の発生要因を政治経済学的に解明し、その解決の基本方向をわかりやすく記述しています。
佐々木嬉代三・中川勝雄編（1996）『転換期の社会と人間』法律文化社。
　　本書は、立命館大学産業社会学部の10名の教員によって執筆されたものですが、現代日本社会を総合的に理解するうえで役立ちます。
高島進（1995）『社会福祉の歴史』ミネルヴァ書房。
　　本書は、最初に資本主義が成立したイギリスを対象に社会福祉の歴史を跡付けており、社会福祉を理解するための基本文献のひとつです。

第16章
新しい人権としての発達保障
——人間の安全保障から発達保障へ——

> **キーワード** 発達保障、第三世代の人権、子どもの権利、発達権、人間の安全保障

1 「保護」から「権利」へのパラダイム転換

1）「児童の世紀」

　「わたしたちはみな——悲しい思い出で頭がいっぱいな者も、燃える希望で胸をふくらませている者も——世紀の交替を待っていた。世紀の交替は時計が12時を打つとともに、無数の漠然とした予感を世界じゅうに送った。わたしたちはみな、新しい世紀が必ず、わたしたちに唯一の尊いものである安らぎを与えるだろうと感じた……（中略）……
　裸の子どもが、地上に向かって下りながら、地上の剣の山を見てぞっとして身をすくめる。剣の山には、新しい者が足を下ろす隙間は指先ほどもない。これは世紀交替のときに起こった、新しい世紀の絵図である。」（エレン・ケイ『児童の世紀』邦訳：5-6）

　これは、スウェーデンの教育学者**エレン・ケイ**（Ellen K. S. Key, 1849-1926）の『児童の世紀』第1章の冒頭の文章です。エレン・ケイは19世紀の最後の年である1900年に**『児童の世紀』**（初版発行）を書いていますが、これは世紀の転換点にたって、「戦争の世紀」とよばれていた19世紀の現状を憂い、きたるべき20世紀が戦争のない、安全で安心な、児童が戦争や飢餓の被害から守られ生きることのできる平和な「児童の世紀」になるようにと願って書かれたものでした。しかし、その結果はどうだったでしょう。残念ながら100年が過ぎて21世紀をむかえた今日、エレン・ケイが願った戦争のない、安全で安心な、平和な世界はまだ実現していません。それどころか、この100年間に人類は大きな世界戦争を2度も経験

しましたし、20世紀の後半には原爆や水爆の発明により核戦争による世界滅亡の脅威にさらされつづけてきたといってもよいでしょう。20世紀は19世紀に引き続き「戦争の世紀」であったといわざるをえないほど戦争が連続した世紀でもあったのです。

2） 子ども分野の科学の誕生

　他方、20世紀は「児童の世紀」にふさわしく子どもを対象とした分野が花開いた世紀でもありました。子どもに関する多くの諸科学が20世紀に誕生し、発展をとげました。教育（教育学・保育学・児童心理学など）の分野をはじめ、医療（小児科学・小児看護学・小児栄養学など）、福祉（児童福祉学、児童保護など）、行政（児童福祉法や少年法など児童に関する法律の制定、児童保護制度や児童福祉施設の創設など）の分野が次々と誕生し整備されていきました。それだけでなく子どもを「小さな大人である」とみる子ども観から「子どもには子ども独自の

```
1900～1910
　子どもについての考察―啓蒙
1910～1920
　子どもに対する貢献―機関（地域）
1920～1930
　子どものための貢献―家庭と学校
1930～1940
　子どもとともに解決―児童
```

児童精神医学発展図解

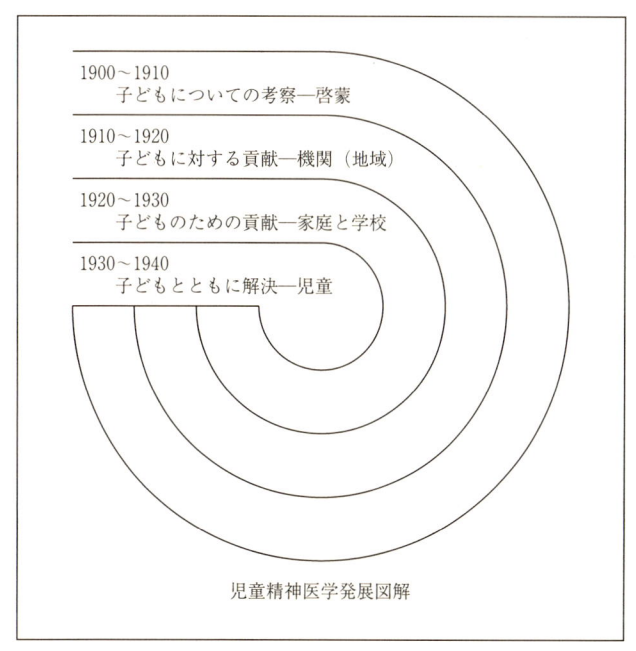

図1　20世紀前半の児童精神医学の誕生と発展
出所：カナー，L．／黒丸・牧田訳（1964）『児童精神医学』医学書院：13、一部修正。

世界があり、それを尊重しなければならない」という子ども観への転換が起こりました。そして、さらに子どもを保護の対象から権利の主体と見なすという大きなパラダイム転換が起こったのです。

児童精神医学者の**レオ・カナー**（L. Kanner, 1894-1981）は20世紀前半の児童精神医学の分野におけるパラダイム転換の様子を**図1**のように図解して説明しています。まず、第1期：1900～1910年では子どものことを考え（Thinking about Children）子どもの社会や生活、文化を知るということがすすみます。第2期：1910～1920年には子どもに対して何ができるか（Doing things to Children）が地域をベースに発展します。第3期：1920～1930年になると子どものために何ができるか（Doing things for Children）が家族や学校をベースにすすみます。そして20世紀半ばごろ、第4期：1930～1940年では子どもとともに働く（Working with Children）という姿勢で科学が発展していくのです。

3）人権の発展過程とパラダイム転換

このような保護の対象から権利の主体へのパラダイム転換は、子どもの権利の発展の歴史に、より明確にあらわれています。

1924年9月26日、国際連盟はスイスのジュネーヴで「子どもの権利に関する宣言」（国際連盟、第5回総会において採択、通称、**児童の権利に関するジュネーヴ宣言**」と呼ばれる）を発表しました。これは世界で最初の子どもの権利宣言です。その前文では次のように「各国の男女」の義務として「子どもの保護」を謳っていました。「広くジュネーヴ宣言として知られているこの児童の権利宣言によって各国の男女は、人類にたいして最善の努力を尽くさねばならぬ義務のあることを認め、人種、国籍、信条の如何を一切問わず、つぎのことを、その責任なりと宣言し承認する」（国民教育研究所編 1979：293）。

そして、1959年11月20日に国際連合が採択した「子どもの権利に関する宣言」（第14回国際連合総会、通称、**児童の権利宣言**と呼ばれる）では「子ども」も大人と同様「権利と自由」を享受することが明記され、「大人の義務」から「子どもの権利」へのパラダイム転換が起こったのです。また、この宣言では、「児童の権利に関するジュネーヴ宣言」と比較したとき、差別禁止項目が「人種、国籍、信条」から「人種、皮膚の色、性、言語、宗教、政治上その他の意見、国民的若

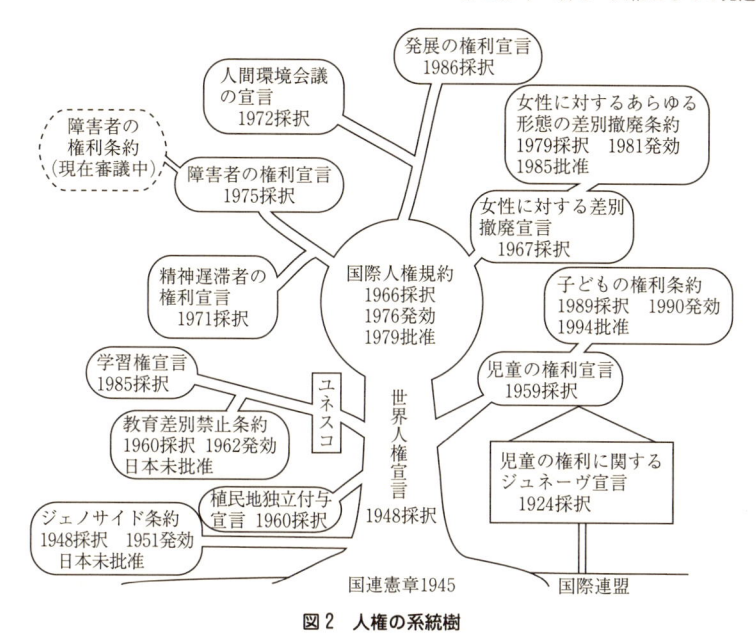

第16章　新しい人権としての発達保障

図2　人権の系統樹
（図中のテキスト）
- 発展の権利宣言　1986採択
- 人間環境会議の宣言　1972採択
- 女性に対するあらゆる形態の差別撤廃条約　1979採択　1981発効　1985批准
- 障害者の権利条約（現在審議中）
- 障害者の権利宣言　1975採択
- 女性に対する差別撤廃宣言　1967採択
- 精神遅滞者の権利宣言　1971採択
- 国際人権規約　1966採択　1976発効　1979批准
- 子どもの権利条約　1989採択　1990発効　1994批准
- 学習権宣言　1985採択
- 児童の権利宣言　1959採択
- 教育差別禁止条約　1960採択　1962発効　日本未批准
- ユネスコ
- 児童の権利に関するジュネーヴ宣言　1924採択
- 植民地独立付与宣言　1960採択
- ジェノサイド条約　1948採択　1951発効　日本未批准
- 世界人権宣言　1948採択
- 国連憲章1945
- 国際連盟

しくは社会的出身、財産、門地その他の地位又はこれに類するいかなる事由」と大幅に拡大されたのも大きな特徴でした。

国際連合は、第二次世界大戦の重大な教訓として、国際平和を実現する上で、①大国による植民地支配をやめさせ旧植民地の自主・独立の国づくりを援助すること、②人権を国内問題としてではなく国際問題としてとらえること、③社会に民主主義を確立しファシズムの台頭を許さないことなどを合意しました。この合意は、国の独立のみならずそこに暮らす人々の自主・自立をうながし、権利の主体者としての自覚を生み出すという大きな意識変革をうながすものとなったのです。第二次世界大戦への反省によって、国と国の関係においても、個人と個人の関係においても、対等・平等でお互いの存在を認め合う友好的な関係を築くことが世界秩序の新しいルールとなっていったのです。これらは、さらに具体化され、子ども、女性、障害者、高齢者の分野においても貫かれるべきルールであると考えられるようになっていきました。

国際連合を中心としたこうした世界秩序の確立は、20世紀後半の人権の確立と発展の基礎となりました。第二次世界大戦への反省は新しい人間観や発達観を生

151

み出す土台となったのです。図2は第二次世界大戦以降、国際連合が中心となって採択してきた一連の人権宣言や人権条約を「**人権の系統樹**」として示したものですが、第二次世界大戦後の人権保障が、一般的なものから女性、子ども、障害者、教育、環境など個別分野に広がってきていることがわかります。

2 第三世代の人権と発達保障

　人権発展の歴史において第二次世界大戦以前と以後との間で大きなパラダイム転換が生じたことを前節で述べてきましたが、このパラダイム転換は、権利の主体をより明確にし、権利の実質化を図るための具体的行動を要請するという方向へと国際社会を導いていくことになっていったのです。

　第二次世界大戦後の人権の発展過程は表1に示すように、第二世代の人権から第三世代の人権へと大きく踏み出しました。そして今日新しい人権といわれる第三世代の人権が生まれようとしているのです。

　第一世代の人権とは、フランスの人権宣言に代表されるような封建支配と市民・国民との拮抗関係の中から誕生してきた**自然権、自由権**ともいうべきものをいいます。人として生まれながらにして付与されている人権（自然権）および国家に対抗しうる権利としての政治への参加の権利、移動の自由、職業選択の自由など自由権として確立してきたものです。これに対して、第二世代の人権は、資本家階級（ブルジョアジー）と労働者階級（プロレタリアート）の拮抗関係の中から生まれてきた権利で**社会権**と呼ばれています。労働権や団結権、生存権や社会保障の権利、教育権・学習権などで国家に請求しうる権利としての性格をもっている権利をいいます。これらの権利に対して第三世代の人権と呼ばれるものは、一つの国家だけではその権利を保障できない性質を帯びている権利で、国際社会全体の中で人々や国・地域の相互互恵、国際連帯を基礎にその保障がめざされる権利という性格をもっている権利をいいます。これらの権利には、環境権、平和権、人類遺産保全の権利、健康権、人間安全保障の権利、発達保障の権利などがあります。これらの権利はいずれも一つの国の努力だけでは解決しない問題を国家という枠組みを超えて解決をめざしていこうという方向性をもっていますので**連帯の権利**と呼ばれることもあります。

第 16 章　新しい人権としての発達保障

表1　人権の発展過程

```
第一世代の人権―国家に対抗しうる権利。政治への参加の権利。自然権（人として生
　　　　　　　まれた時からもっている権利）、自由権
　　　　　　　（移転の自由、職業選択の自由、「国家からの自由」の権利など）
第二世代の人権―国家に請求しうる権利。経済的・社会的・文化的な権利、社会権
　　　　　　　（労働権、団結権、生存の権利、教育権・学習権など）
第三世代の人権―国際連帯によって実現する権利。連帯権
　　　　　　　（環境権、平和権、人類遺産保全の権利、健康権、人間安全保障の
　　　　　　　権利、発達保障の権利など）
```

　第三世代の人権の中に、健康権、人間安全保障の権利、発達保障の権利が含まれます。地球上のどこに住んでいても、人間が健康に、安心して安全に暮らせ、一人一人の人格発達が保障されることがめざされなければならないのです。これらもまた普遍的権利なのです。

3　人格発達と発達保障

1）　発達保障の権利思想の誕生

　第三世代の人権の一つである発達保障の権利思想は日本で生まれました。1960年ごろ、滋賀県大津市にあった知的障害児施設近江学園（現在は滋賀県湖南市に移転）の学園長であった**糸賀一雄**（1914-1968）や研究部の**田中昌人**（1932-2005）らが中心となって学園内外に発達保障という考え方を発信しはじめたことがきっかけとなって広まった思想です。**発達保障**の定義について田中昌人は次のように特徴づけたことがあります。

> 「それは（発達保障の思想は―引用者注）、人間が自己実現の歴史のなかで、新しい権利をうちたてていかなければならない歴史的義務をはたしていく一環として位置づく。社会保障や教育をさらに根底から成りたたしめるためにうまれてきた権利保障の思想である。無告の子らはそこに人として生きる。『20世紀は児童の世紀』というスローガンは、そこではじめて本物になる。ところが経済戦争、教育競争下で教育や福祉対策をすすめるさいには、ともすると権利の主体が、子どもから現在の体制側にうつり、子どもは資本主義のマス・プロ化のコンベアにのせられて予備化されがちである。それはいま速成の、一面的な能力の結果を選別する方式を生んでいる。それが自然的不平等を新たなてこにした差別思想となって人びとの心をも浸食していこうとし

ているときに、発達の権利を保障せよとの思想を科学的裏付けをもって根づかせることはきわめて大切な活動であろう。」(近江学園 1965；田中昌人 1980再録：20)

　ここでは、障害のあるなしを問わず、すべて人間はこの世に生を受けて生まれるならば、等しく生きる権利をもち自己実現をはかる権利が「発達の権利」として保障されなければならないことが主張されています。発達保障という場合には、生きる権利と自己実現をはかる権利の統一的保障がめざされており、例外なしに、一人一人の個性が大切にされ自己実現をはかること、すなわち人間が発達することそれ自身を人権として認めていこうというのです。発達を権利ととらえていこうという発達保障の思想は、日本では教育関係者や福祉関係者の間で広く知られるようになりましたが、世界的にはあまり知る人はありませんでした。世界的に発達（発展）が権利として認識されるようになったのは1980年代になるころからでした。

2）　発達権、人間の安全保障と発達保障

　国際連合は、1986年12月4日の第41回総会で「**発達（発展）の権利宣言**」(Declaration on the Right to Development) を採択しましたが、この権利宣言では、「発達（発展）の権利は、譲ることのできない人権である」こと（1条1項）、および「人間個人が、発達（発展）の中心的な主体であり、発達（発展）の権利の積極的参加者及び受益者であるべきである」こと（2条1項）が規定されています。また、「国家は、発達（発展）の権利の実現のために好ましい国家的諸条件を創り出す、主要な責任を有する」（3条1項）として国家が負っている責任に関しても明示されています。この「発達（発展）の権利宣言」で示されているように、一人一人の人間としての精神的・身体的な発達を保障することは、同時にその人の属する集団、つまり家族、学校、さらには国家、そして国際社会までの発展を保障するものであって、個人の発達を無視して、全体の発展や進歩はありえず、全体の発展や進歩があってこそ、個人の十分な発達も保障されるという関係にあるといえます。すなわち個人の系の発達は、集団の系の発展をうながし、国や国際社会における社会発展の系の進歩をうながし、その逆の関係も成り立つといえるのです。

　「発達（発展）の権利宣言」がめざしている発達権の保障や人間の安全保障を

第16章 新しい人権としての発達保障

実現するためには従来の国家の枠組みだけでは不十分であるという認識が今日世界的に広がってきています。国際連合の支持・援助によって組織された専門家委員会「人間の安全保障委員会」(共同議長、緒方貞子およびアマルティア・セン)は2003年5月3日コフィ・アナン国際連合事務総長に報告書(最終報告書)を提出しましたが、その報告書では人間の安全保障について次のように述べています。「国家のみが安全の担い手である時代は終わった。国際機関、地域機関、非政府組織(NGO)、市民社会など、『人間の安全保障』は、環境汚染、国際テロ、大規模な人口移動、HIVエイズとの闘い、地雷の禁止、人権擁護といった分野で、すでに多くの人が活躍している」(邦訳 2003：13)として国家の枠組みを越えた取り組みの必要性を強調しています。

発達権および人間安全保障の権利では、人間個人が、発達および安全の中心的な主体であり、諸施策は人間中心にすすめなければならないことが強調されています。そして重要なこととして「人間の活動や能力の中心的部分を守ることだけではなく、個人や社会の潜在能力を伸ばし、人々が人生のあらゆる局面で情報に基づいた選択を行い、自らのために行動できるようにすること」(同上書：12)がめざされねばならないと指摘しています。

発達権および人間安全保障の権利を実質化するためには、これまで以上に人間個人の解明が取り組まれなければならないでしょう。発達保障を提起した糸賀一雄は、発達保障の思想を深化させるための研究課題として、第1は、個性的な自己実現の過程をどのように解明するかの課題、第2は、重症な子どもたちも排除せずに人間として価値づけるようなインクルーシブな社会づくりをどう進めるかを解明する課題、第3は、そのような実践・研究をすすめるにあたってとりわけ人格発達の解明の課題、以上三つが重要であると指摘しています。

21世紀には人間発達の科学的解明がよりいっそう進み人間発達の権利がより内実をもって保障される社会となるような諸科学の発展がのぞまれます。21世紀こそは「戦争の世紀」とさせずに「発達保障の世紀」となるように努力を重ねていきたいものです。

〔荒木穂積〕

引用文献
糸賀一雄著作集刊行会(1983)『糸賀一雄著作集 Ⅲ』日本放送出版協会.

第Ⅲ編　福祉社会の今後を考える

カナー，L. 著／黒丸正四郎・牧田清志訳（1964）『児童精神医学』医学書院。
ケイ，E. 著／小野寺信・小野寺百合子訳（1979）『児童の世紀』（冨山房百科文庫）、冨山房。
国民教育研究所編（1979）『別冊国民教育③　子どもの権利——児童の権利宣言20周年・国際児童年』労働旬報社。
人間の安全保障委員会報告書（2003）『安全保障の今日的課題』朝日新聞社。
近江学園（1965）『近江学園年報』11号、近江学園。
田中昌人（1980）『人間発達の科学』青木書店。
田中昌人（1987）『人間発達の理論』青木書店。

読書のための参考図書

田畑茂二郎（1988）『国際化時代の人権』岩波書店。
　　第二次世界大戦以降の国際連合を中心とする人権保障の歴史が論じられています。第三世代の人権についてもふれられています。
糸賀一雄（2003）『この子らを世の光に——近江学園20年の願い』（復刻版）NHK出版。
　　日本における保護および慈悲から権利へのパラダイム転換を描いた名著です。糸賀は「この子らに世の光を」ではなく「この子らを世の光に」とする社会の実現を主張しました。
田中昌人（2003）『障害のある人びとと創る人間教育』大月書店。
　　発達保障の立場から、近江学園等でかかわってきた障害のある人々の人権保障の諸問題とりわけ教育権保障の発展を描いています。人格発達の視点から発達保障の理論と実践が深められている点も貴重です。

第17章 子育て支援の国際比較
――ケアの公共性へ――

> **キーワード** 子育て支援、子育ての公共性、少子化、子育てのジェンダー・バイアス、エスピン-アンデルセンの福祉国家類型、ファミリー・フレンドリー政策

1 子育て支援の現在

1） 子育ての公共性

　なぜ今、**子育て支援**が問題となるのでしょうか。ここでは社会のマクロな変化を参考に考えてみたいと思います。子育て支援をとりまく環境の中でも、さしあたり重要な点として次の二つを取り上げてみましょう。

　第1は、女性の働き方の変化です。女性が雇用されて働くようになるという雇用就業率の上昇が近年の変化のひとつといえます。これによって、夫だけでなく妻も会社に雇用されて働くような共稼ぎ世帯が増加しています。これは夫がフルタイムで就業し、妻が専業主婦もしくはパートタイムで働くという典型的な家族形態が、「共働き」という新たな形態へ変化することを意味します。このような「夫の主たる稼ぎ（male-breadwinner）型」から「夫婦共稼ぎ（dual-earner）型」へという家族形態の変化は、子育てにも大きな影響を与えるといわれています。これまで子育てという無償労働は主に専業主婦である女性によって担われてきたわけですが、女性の雇用就業率が高まれば、子育ては父親と母親の領域を越えて、家族外の専門機関に担われる可能性が高まります。つまり、家族以外の子育て支援が重要性をもつということになるのです。

　子育て支援は、子育てをしている母親への支援に限りません。母親が専業主婦

ではなく、父親と同じようにフルタイムの雇用労働者になれば、子育てにかける家族の時間は相対的に減少します。そのため子育てを父親・母親の両性で支えていくと同時に、家族以外のサポートが必要になります。このように女性が雇用されて働くというスタイルの登場によって、父親の子育てへの積極的なかかわり、育児休業などの企業の支援、自治体による保育施設の充実、非営利団体・NPOを通じた市民による子育ての参加など、家族、企業、自治体、NPOなどが協働で子育て支援を行う時代が登場してきたといえるでしょう。つまり、子育て支援が家族の「個人的な営み」から、多くのアクターがかかわるような「**公共的営み**」へと変化する、というのが近年の傾向であるといえるでしょう。

2） 少子化と子育て

　第2に重要な視点として、子どもの数が減ったり、あるいは寿命の延びによる高齢者の割合の増加など、いわゆる人口学的な変化があります。特に日本のみならず、欧米の先進諸国においても「出生率の減少」という共通した現象がみられます。とりわけ日本においては出生率の低下がいちじるしいために、「**少子化**」に対する政策の重要性が指摘されています。出生率が低下するひとつの要因として、結婚（初婚）年齢の上昇、つまり晩婚化があげられていますが、それと同時に、女性が子どもを産みやすい社会的環境が整備されていないために、出産を抑制する傾向があるともいわれています。医学の進歩によってある程度の出産の促進や抑制が人工的に可能になった現代では、女性が出産し子育てをするためのさまざまな障壁（例えば子どもを育てながら働く環境に性差（ジェンダー差）が存在したり、あるいは子育てに関して社会的な支援制度が整備されない状態にあること）によって、女性が子どもを生むことを躊躇するという点も専門家の間で指摘されています。このため、子どもを生み育てるうえで、女性にのみ子育ての負担がかかる状態、つまり**子育てのジェンダー・バイアス**をなくすことがとても重要であること、また母親のみならず父親の積極的な育児への参加、あるいは家族だけでなく企業や市民活動の支援などが同時に必要になっているといえるでしょう。家族以外の子育て支援が充実しないと、子どもを産むという可能性は低下し、さらなる少子化が進む可能性もあるといえるのです。

2 子育て支援の国際比較

1） 福祉国家の比較

　では世界の子育て支援の仕組みはどのようになっているのでしょうか。最近の研究は個別の国々の子育て支援の仕組みを明らかにするだけではなく、国際比較をすることによって、子育て支援の共通性と異質性を明らかにしています。そして各国において、あらたな子育て支援のモデルを構築しようという試みがみられます。

　ここではエスピン-アンデルセン（G. Esping-Andersen）という社会学者の国際比較の類型を簡単に紹介しましょう。エスピン-アンデルセンは子育て支援についての専門家ではありませんが、国際比較をするうえでたいへん重要な研究の視点を提供してくれます。彼は欧米社会が一見似たような国家であるにもかかわらず、福祉制度を中心に検討してみるとそれぞれの国が固有の特徴（レジーム）をもった福祉国家であることを実証的に明らかにした研究者です。**表1**はエスピン-アンデルセンによる**福祉国家の三つの類型**です。彼は主に欧米の福祉国家を、福祉の給付が控えめなイギリスやアメリカなどのアングロサクソン諸国に代表される「**自由主義的レジーム**」、フランスやドイツなどの大陸ヨーロッパを中心とする「**保守主義的レジーム**」、そして普遍主義的な福祉制度をもつスウェーデンやデンマークなどの北欧諸国に代表される「**社会民主主義的レジーム**」に分けてその比較検討を試みています（Esping-Andersen 1990）。この章では紙幅の都合上、詳細な紹介はできませんが、子育て支援という福祉制度の国際比較をするうえでも、エスピン-アンデルセンの福祉国家の類型はきわめて重要な研究上の位置づけにあることを指摘しておきたいと思います。以下ではスウェーデンとオランダを事例に、子育て支援政策を紹介します。

2） スウェーデンの子育て支援政策

　欧州の多くの国は、福祉の普遍主義的性格（universalism）をもっています。特にスウェーデン、デンマークなどの北欧諸国はその傾向が強いといえます。つまり先に述べたエスピン-アンデルセンの類型では、社会民主主義レジームの国々

第Ⅲ部　福祉社会の今後を考える

表1　エスピン-アンデルセンの福祉国家類型[1]

	自由主義的レジーム	保守主義的レジーム	社会民主主義的レジーム
代表的国家	アメリカ オーストラリア イギリス (アングロサクソン諸国)	フランス ドイツ オランダ[2] (大陸ヨーロッパ諸国)	スウェーデン デンマーク ノルウェー (北欧諸国)

注：1）Esping-Andersen, G. (1990)（翻訳＝2001）および SCP (2001b) より作成。
　　2）オランダの位置づけについては SCP (2001b) を参照。

表2　子どもの年齢別にみた公的保育利用の割合
(％)

		日中の保育（Day care）		放課後の保育（After-school day care）
		0～3歳	3歳～小学校入学	6～10歳
オランダ	1993年	8	77	＜5
	1998年	9(0～4歳)	—	—
イギリス	1993年	2	60	＜5
スウェーデン	1994年	33	72	64

出所：SCP(2001a), p. 225, Table 7.6 より作成。

がこれに該当します。ここでの普遍主義とは、「特定の年齢集団のようなカテゴリーに属していても、市民あるいは個人として、いかなる制限も受けずに、その個人のニード（必要）あるいは労働市場における地位に基づいて、『同じ補償や権利』を得ることができること」と表現できます (Sonya and Mahon 2002)。スウェーデンの子育て支援についてもこの普遍主義的な特徴がみられます。**表2**はスウェーデンの公的保育の特徴をイギリス、オランダと比較したものです。これをみてもわかるように、スウェーデンでは日中のデイケア保育の割合は0～3歳までは33％、3歳以上で小学校入学までは72％と、他国と比べても高い水準です。また6歳以上の放課後の保育も64％で、オランダやイギリスが5％未満であることと比較しても、子育ての公的支援が充実していることがうかがえます。このようにスウェーデンは、公的な保育を充実することによって、働く両親を積極的に支えようという国家の仕組みがあるといえます。また、育児休業の期間、賃金補償ともに充実していることからもわかるように、両親が子育てをしながらも働くことができ、また両親の就業継続によって社会全体の福祉を支えるという特徴があるということが理解できるでしょう。

3） オランダの子育て支援政策

　スウェーデンのような北欧諸国が、子育ての公共による支援を重視しているのに対して、オランダではNPOによる保育所の運営や、企業の保育サービスの提供などにみられるように民間セクターの支援にその特徴がみられます。オランダは先のエスピン-アンデルセンの類型では保守主義的レジームの国に該当しますが、他の国と比較して独特の子育て支援を制度化しています。とりわけ、オランダでは「子育ては家庭で」という国民の意識や規範が根強いために、企業や民間の保育施設の利用のほかに、一人当たりの労働時間を短くして、残った時間を家庭での育児時間に当てるという仕組みを国をあげて作っている点が特徴的です。つまり労働時間を短縮して、女性も男性もパートタイム労働をすることによって、育児の時間を増やそうという取り組みがみられるのです。もちろんこの場合のパートタイム労働は、フルタイムとの差別はなく、働いた分だけフルタイムとの均等待遇で賃金や休暇を得ることのできる仕組みになっています。このためオランダでは子育て期の男女の多くがパートタイム労働を選択し、子育てと仕事を両立することが容易なのです。このオランダ型の子育て支援は先のスウェーデン型のモデルとはやや異なっています。つまり、スウェーデンでは公的保育を充実させて、男女ともに雇用労働で働くということが前提とされますが、オランダでは公的保育というよりもNPOや企業による子育て支援のほか、子育て中はなるべく労働時間を減らしてパート労働の共働きにするという政策が優先されているのです（前田信彦 2000）。オランダでは現在、保育所が不足しているため、パート労働の優先という政策と同時に、自治体が保育所を増設して、働く両親のために積極的に子育て支援を展開しており、これからの子育て支援の一つのモデルとして参考になるといえるでしょう。

3　これからの子育て支援

1） 子育て支援の「多様性」

　以上、国際比較の視点から子育て支援の実態を簡単に紹介してきましたが、最後にこれからの子育て支援について重要な視点を述べ、この章を終えたいと思います。

第1に重要なポイントは、子育て支援の多様性という点です。冒頭でも述べたように、子育て支援は母親への支援という限定的なものではなく、父親を含めた両性への支援という性格をもっています。また同時に、家族による子どものケアというプライベートな領域の問題から、祖父母などの拡大家族、企業、自治体・政府、あるいはNPO（非営利組織）など、多くのアクターが関与する領域の問題へと変化しつつあります。つまり、子育て（ケア）はきわめて「公共性」という性格をもった活動領域であるといえるのです。このような子育て支援の公共的性格は、両性による家族支援と社会的、公的な支援との多様な組み合わせを必要とするといえるでしょう。

　すでに述べたように、スウェーデンのような北欧諸国は、両親が働くというワークフェア（workfare）的な福祉政策を骨格としながら、子育てへの公的な関与が強いといえます。そのため公共の保育が充実しており、両親の育児休業も手厚いものとなっています。つまり北欧諸国では、育児に対する公的な支援が強いといえるのです。これに対して大陸ヨーロッパのオランダでは、北欧諸国のような育児に対する公的関与の範囲は小さく、そのため公的保育の制度は未発達であり、これを企業保育やNPO（非営利活動）による保育が代替する仕組みとなっています。また両親は共稼ぎのスタイルが増加するなか、労働時間を短縮して多くの労働者がパートタイム労働のスタイルをとることによって、育児とのバランスをとる政策が推進されています。つまりオランダは北欧諸国に比べて、家族による育児とNPOなどの社会的支援の組合わせに特徴があるといえましょう。このように欧州レベルにおいても、国によって子育て支援の実態と理念は異なります。したがってこの点からみても、子育て支援の方法は唯一の優れたものが存在するというよりも、当該国の政治・社会構造によって規定され、またその構造に適合する形で多様なスタイルをとるという点を理解する必要があるでしょう。

2） 企業の育児支援

　第2のポイントは、企業が行う育児支援への期待です。かつて日本の企業は福利厚生が充実していたといわれています。しかしそのような福利厚生は、どちらかというと従業員に対する会社からの恩恵という性格が強かったといえます。しかし、現在みられる企業による子育て支援は、公共への社会的責任と同時に、従

第 17 章　子育て支援の国際比較

業員の仕事への意欲を高めたり、優秀な人材を企業に定着させるための経営の戦略として位置づけられつつあります。例えば、出産・育児をする従業員に対して出産・育児休業を促進し、あるいは子どもの看護休暇などを保障することは、「子育てに優しい企業」としてのイメージを向上させることのみならず、従業員が仕事を辞めずに出産・育児をしながら働き続ける環境を企業が支えていくことに結びついています。あるいは、会社からいったん離れて育児に専念した後に職場復帰する権利を保障していくことも、企業の子育て支援の重要な戦略です。これは女性従業員のみならず男性の従業員にも積極的に適用可能でしょう。このように、恩恵的な企業福利として従業員の出産・育児の機会を提供するという発想ではなく、従業員の定着や企業イメージの向上などによって、長期的な企業への利益にもつながるための雇用管理の戦略として位置づけられているというのが最近の傾向です。このような企業による子育て支援は、「家庭生活に優しい職場」あるいは「**ファミリー・フレンドリー**（family-friendly）**政策**」とも表現され、アメリカ、イギリスなどのアングロサクソンの国において積極的に政策展開がなされています。

3）　日本の子育て支援の可能性

　では、日本においてはその社会的特徴を生かしながら、これまでにない新たな（オルタナティブな）子育て支援を構築する可能性はあるのでしょうか。日本は祖父母による育児支援の割合が高く、この意味では拡大家族を中心とする「家族主義的」な福祉制度といえます。このような拡大家族をベースとする育児は、いわば血縁関係のネットワークに基づく福祉といえますが、最近の日本の子育て支援の中でもユニークな試みとして、血のつながらない高齢者による（孫世代の）子育て支援があります。例えばニッポン・アクティブライフ・クラブ（NALC）という高齢者を中心とする非営利団体（NPO）は、会員が地域に住む子どもたちのケアをボランティアで行っています（「地域で助け合う子育て」日本経済新聞2000年1月7日）。このような**高齢者 NPO による子育て支援**プログラムは、日本的な拡大家族ネットワークによる育児支援の性格を継承しながらも、血のつながらない高齢者が市民として子どものケアにかかわるというあらたな試みでもあるといえましょう。換言すれば、血縁関係のない祖父母世代と孫世代のあらたな世代間

第Ⅲ部　福祉社会の今後を考える

関係の構築ともいえるプログラムです。これは高齢者が市民として社会活動を行うという点で、高齢者にとっても魅力的な社会参加のひとつになる可能性をもっており、高齢社会における日本的な子育て支援のひとつの方法として、国際的にもその動向が注目されるといえるでしょう。　　　　　　　　〔前田信彦〕

注
(1)　子育ての「個人的な営み」の変化については、汐見（2003）を参照。
(2)　オランダは、ベルギー、フランス、ドイツと並んで大陸ヨーロッパの保守主義的なグループとして位置づけられます。この点に関しては SCP（2001b）を参照。
(3)　日本における企業の子育て支援については佐藤・武石（2004）に詳しい。

引用文献
Esping-Andersen, Gøsta (1990) *The Three Worlds of Welfare Capitalism*, Polity Press. （＝2001，岡沢憲芙・宮本太郎監訳『福祉資本主義の三つの世界――比較福祉国家の理論と動態』ミネルヴァ書房）。
前田信彦（2000）『仕事と家庭生活の調和――日本・オランダ・アメリカの国際比較』日本労働研究機構。
佐藤博樹・武石恵美子（2004）『男性の育児休業――社員のニーズ、会社のメリット』中公新書。
SCP (2001a) *The Netherlands in a European Perspective*.
SCP (2001b) *On Worlds of Welfare : Institutions and their effects in eleven welfare states*.
汐見稔幸（2003）『世界に学ぼう子育て支援』フレーベル館。
Sonya, M. and Mahon, R. (eds.) (2002) *Child Care Policy at the Crossroads : Gender and Welfare State Restructuring*, Routledge.

読者のための参考図書
池本美香（2003）『失われる子育ての時間――少子化社会脱出への道』勁草書房。
　　世界の子育て支援の実態を、カナダやニュージーランドの具体的事例から検討しています。子育て支援を理論的に整理するうえでも示唆に富んでいる好著。
武田信子（2002）『社会で子どもを育てる――子育て支援都市トロントの発想』平凡社。
　　カナダのトロントの子育て支援をソーシャルワークの視点からとらえています。日本の子育て支援のあり方を考えるうえでも、トロントの試みは参考になります。

第 18 章
多文化共生社会の実現に向けて
――在日外国人問題への接近――

> **キーワード** 外国人労働者、文化摩擦問題、見えない文化、政治参加の保障、NPO・ボランティア団体による日常的支援

1 多文化共生問題の出現

1） 急増するガイジンたち

　皆さんが住んでいる下宿や自宅の近くに、知らない言葉を話す人々が、多数、移り住んできたとしましょう。皆さんは、いったい、どうされますか。しかも、彼らが夜中に仲間を集め、大声で騒いだり、ゴミ出しのルールを守らなかったとしたら。おそらく、皆さんの多くは、顔をしかめて、「困ったガイジンたちがやってきたものだ。この辺の治安も不安になってきた」と冷たい視線を投げかけるのではないでしょうか。

　でも、彼らの母国では、大きな声で歓談し、週末に自宅でパーティーを楽しむことはごく普通の風習だったり、あるいは、後から専業の掃除人がきれいにしてくれるために、ゴミは道路脇に投げ捨てておいてもよいという文化のなかで育ってきたのかもしれません。また、彼らの側でも日本の生活習慣に合わせたいものの、日本語が不自由なため、必要な情報が得られないということも多いのです。それにもかかわらず、「悪いのはやつら」と決めつけられてしまうのです。

　たしかに、日本に**外国人労働者**としてやってくる人たちが抱える問題には暗い話も伴います。日本に来る前に、ブローカーと呼ばれる人々の暗躍により、法外な前金を取られたとか、暴力団も絡んで、アジアの若い女性たちが日本の歓楽街などで非人道的な条件で働かされたとか、陰湿な問題は絶えません。また、ビザ

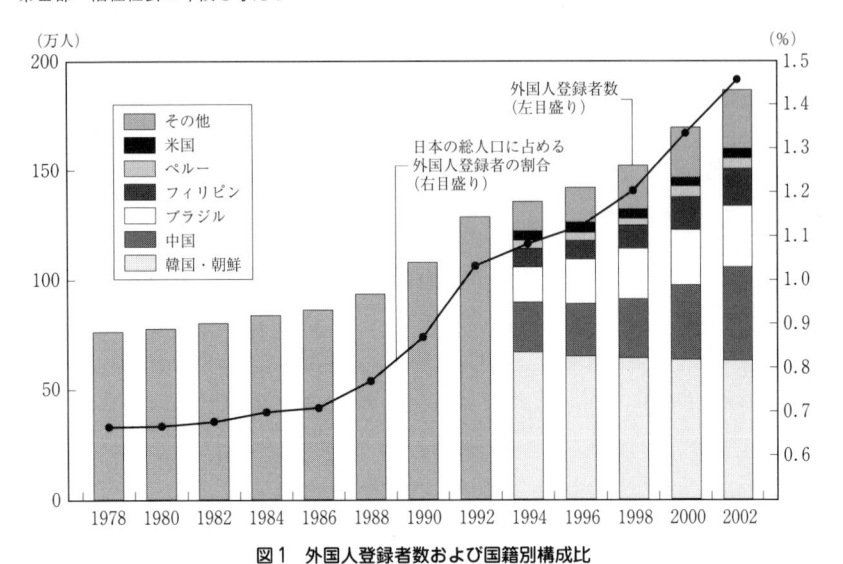

第Ⅲ部　福祉社会の今後を考える

図1　外国人登録者数および国籍別構成比

出所：庄司博史編著（2004）『多みんぞくニホン——在日外国人のくらし』国立民族学博物館、40ページより。

期限を過ぎても、日本に留まって生活する不法滞在者たち（推計30万人程度）の問題、さらに、外国人による窃盗団や強盗団の増加といった問題なども深刻さを増しています。

　日本に流入する外国人との間に生じるこうした問題は、いま、日本の各地で日常化しつつあります。**図1**は、日本における外国人登録者数の推移をみたものですが、1980年代から増加に転じ、1992年以降しばらく、バブル崩壊の影響を受けて伸び率は鈍化したものの、最近、再び増加率が急上昇しはじめていることが分かるでしょう。

2）　外国人労働者流入の背景

　外国人労働者の流入は、キツイ・キタナイ・キケンという3K職場における日本の労働力不足が背景となって生じています。さらに、少子高齢化の影響で「労働力人口」が急速に減少していくことから、今後、ますます、さまざまな分野で外国人労働者は増加していくものと考えられます。

　これに対して、日本に来ようとする外国人側にも、自国での経済停滞・失業増大による生活困難、そして、いちじるしい所得格差（最貧国と日本とで一人当た

り GDP を比べれば、100倍あまりの格差がある）に基づく出稼ぎ労働による「一獲千金への期待」といった事情があります。

これまで、日本政府は、一方では、不法外国人労働者に対する取締り強化を追求しつつも、他方では、研修生制度の導入（1980年代より）や日系人に対する特別な入国管理政策（1990年）など、外国人労働者を迎え入れる政策をとってきました。こうして入国してきた外国人労働者の大半は、大企業の下請けや中小企業、そして、農家などでもっぱら3Kの仕事に従事しています。

また、教育行政の一環として、「留学生10万人受け入れ政策」が華々しく掲げられ、アジア方面から多数の留学生が日本の大学に迎え入れられてきましたが、最近では、福祉・看護労働の分野での人手不足を安い外国人労働者によって補うべきである、という主張も強く提起されはじめています。

外国人労働者問題で先行する欧米諸国からは、「労働力を呼び寄せたつもりが、やってきたのは人間だった」と受け入れ体制の不備をしきりと反省する声が聞こえてきます。私たちは、現在、日本が直面しはじめているこのような事態を、どのようにとらえ、そして、どのように打開していけばよいのでしょうか。

この章では、21世紀の日本社会が直面する**「多文化共生問題」**を取り上げ、その問題構造の理解に努めるとともに、多文化共生社会に向けて、今後、私たちはいかなる展望を切り開いていくことができるのか、一緒に考えていきましょう。

2 問題解決の難しさ

1） 問題構造の理解が大切

ところで、多文化共生問題について意見を聞いていくと、きまって、「だれも差別されず、みんな仲良く暮らしていける社会を作ろう」といった素朴な答えが返ってきます。こうした楽観的な発想を乗り越え、多文化共生社会へ向けた展望をしっかりと切り開いていくためには、まずは、問題を構造的に理解していくことが不可欠です。

先ほど、皆さんが遭遇するかもしれない**「文化摩擦問題」**を具体的に想定質問してみましたが、その際、問題となった摩擦の原因は、付き合い方や生活のルールなどでした。そうした行動様式や規範意識は、私たちの心身のうちに幼少より

注入され組み込まれているために、本人にとってはあまりに当然で自覚することすらできない「**見えない文化**」となっています。それゆえ、そうした「見えない文化」の摩擦は相互の誤解を増幅させ、ときに激しい差別意識や憎悪さえ喚起させることにもなるのです。

じつは、こうした差別意識や偏見の発生は、社会集団がそもそもいかにしてできあがってきたか、つまり、言い換えれば「**集団形成のメカニズム**」に深くかかわっています。

2）集団形成のメカニズムと差別意識

さて、人間は、なぜ、集団を形成しようとするのでしょうか。それは、単純化していえば、「集まれば強い」からです。例えば、私たちが良い会社に就職したいと思うのも、エネルギーみなぎる強い集団に所属することによって、自分たちの生存をより確実にしたいと望むからではないでしょうか。こうした論理は、村でも国でも、その他、いかなる集団でもかわりはありません（この議論に関しては、なだいなだ 1992 を参照のこと）。

ところで、強い集団であるためには、それらを構成する人々をしっかりとまとめあげていく仕組みが必要となります。集団の一体性を確保していくためには、集団のウチとソトとの違いを強調し、ソトよりウチの優越性を信じ込ませる「**われわれ**」**意識**が不可欠となるからです。こうした「われわれ」意識のうちにこそ、「よそ者」に対する差別意識を生み出す大きな要因を見いだすことができるでしょう。

強い集団は、やがて、他の弱小集団を飲み込み、さらに、強い大きな集団へと進化を遂げていきます。こうした人類における集団形成史のなかで、史上、もっとも強力な集団として進化を遂げてきたのが、「近代国民国家（つまり、普通にいう「国」「国家」）」なのです。ですから、私たちが生活する国の内側には、すでに複層的な差別意識が多様に組み込まれているのです。

マイノリティ（少数者）がマジョリティ（多数者）によって、文化的に抑圧されるという現象は、このように集団形成のメカニズムから生じてくるために、その解決はけっして容易ではありません。

第18章　多文化共生社会の実現に向けて

3）　同化主義、多文化主義、そして、多文化共生社会

　では、私たちの国のうちに外国人たちが居住し文化摩擦問題が発生している場合、どのような対応策がありうるでしょうか。「郷に入っては郷に従え（**同化主義**）」という対応と、「互いの違いを尊重せよ（**多文化主義**）」という二つの対応を考えてみましょう。

　「同化主義」という発想は、自分たちの文化がそもそも単一であるという認識を前提としています。それゆえ、移住してきた異なる文化をもつ者たちは、「われわれの文化」へ同化せよと要求するのです。たしかに、それで、表面的には「文化摩擦問題」は沈静化するかもしれません。しかし、こうした社会は、マイノリティたちに対する差別を助長し、さまざまな社会生活の場面で彼らを抑圧・排除していくことになるでしょう。

　これに対して、お互いに違うということを大切にしようとする「多文化主義」は、一見、理想的な解決策のように思えます。しかし、じつは大きな落とし穴があります。マイノリティの文化的自立性を重視するあまりに、マイノリティたちが社会に適応しづらくなり、結果として、彼らが貧窮生活から脱することができないという事態が生じるからです。つまり、文化的自立が、かえって、差別の固定化を招いてしまう場合もありうるのです。こうした問題は、「**多文化主義のジレンマ**」と呼ばれています。

　それでは、いったい、私たちはどうしたらよいのでしょうか。社会がおかれたさまざまな歴史的・文化的条件によって、答えはけっして一つではありません。私たちは、そうした既存の条件・状況をしっかりと見極めながら、多様な文化の間の摩擦を乗り越え、文化の共存が互いのメリットを生み出し、共生へと進展していく「**多文化共生社会**」を構想していかねばならないのです。

　いま、多文化共生社会のイメージを、抽象的に図式化すれば、**図2**のように表現することができるでしょう。この図は、横軸を人口比率として、また、縦軸を経済力・政治力・文化的影響力として抽象的に多文化共生社会の理想像を描きだそうとしたものです。A、B、C、Dというさまざまな文化的集団がともに生活している場合、一般的には、左側の図のように、劣位なAというマイノリティ集団は、つねに、社会の最下層に位置づけられ、Dという集団が権力の座を保持するという不平等な社会構造となります。これに対して多文化共生社会は、右

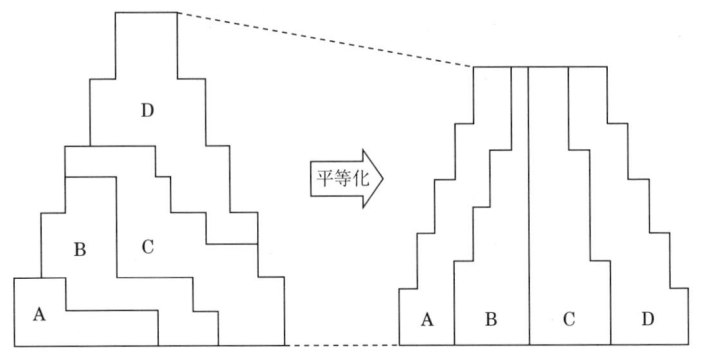

図2　多文化共生社会のイメージ図
出所：関根政美（1994）『エスニシティーの政治社会学』名古屋大学出版会，224ページの図に基づき筆者が作成した。

側の図のように、いかなる文化的集団（民族・生まれ・障害・血統に基づく集団）に属する者も、社会のなかで均等に上昇し成功を手に入れていくチャンスを保障されている、より平等な社会なのです。

さて、こうした多文化共生社会に少しでも近づいていくために、私たちはどのような課題に直面しているのでしょうか。

3　多文化共生社会へ向けた戦略──「政治参加の保障」と「日常的な支援」の重要さ

1）　日本における問題状況

日本が直面している問題は、研修生制度問題、日系外国人労働者問題、難民受け入れ問題、在日高齢者の無年金問題、外国人（とりわけ非西洋諸国からの移住者）に対する就職差別・住居差別問題、外国人学校の資格問題など、多岐にわたっています（これらについては本章末の参考図書を参照ください）。このような日本社会の実態を見るにつけ、その自民族中心主義と閉鎖主義のはなはだしさにあらためて驚かされます。

歴史を振り返れば、1982年に日本は、たしかに、外国人に対する諸制度（社会保障を含む）を見直しました（田中宏　1995：161図などを参照）。しかし、そもそもそれは難民条約の批准を国際社会から迫られた挙句の消極的な対応にすぎませんでした。また、1990年「出入国管理及び難民認定法」改訂では、日系人を対象と

第 18 章　多文化共生社会の実現に向けて

して特別に定住資格を緩和していますが、そうした政策からは、「日本人」という血統に対する一種の信仰さえ垣間見ることができるように思われます。

　福祉国家のあり方について熱く議論される日本社会において、いまなお、文化的に異質な外国人居住者の多くは、「国民」と称される一般の人々が当然のように享受している社会保障制度の対象者からもれてしまっているのです。

　そうした文化的マイノリティの人々が抱える問題は、「日本語が分からない」という識字問題であり、「病気でもどうしたらよいのか分からない」という健康問題であり、また、「住居や仕事がなかなか外国人のために見つからない」という住居問題・就職問題であり、そして、帰結するところは貧困問題なのですが、これらは、まさに、福祉国家以前の社会で底辺にあえぐ人々が共通して直面してきた起源の古い福祉問題なのです。

　では、外国人居住者が抱えるこうした生活問題を打開していくためには、いったい、いかなる方策があるのでしょうか。そのためには、以下の二つの戦略が不可欠と思われます。

2）　戦略その 1：政治参加の保障

　まず、第 1 に、文化的なマイノリティの人々（外国人住民）が、自分たちの要求や問題を表明でき、社会諸制度が設計・形成されていく際に、しっかりと汲み取られていくように**政治参加を保障する**ことです。日本においては、憲法は外国籍住民の国会選挙への参加を認めていませんし、また、公職選挙法においても、外国籍住民の地方自治体選挙における選挙権・被選挙権は認められていません。

　こうした厳しい制約のなかで、1996 年、川崎市では、「川崎市外国人市民代表者会議」がスタートしました。これは、外国人住民の代表たちが集まり、自分たちの問題を話し合い、市に改善してもらいたい点を答申としてまとめ市長に提言するという画期的な制度です。代表者は、出身国者の比率を勘案して、応募者の中から決定されています。そして、実際、こうした外国人住民の声が着実に川崎の市政に反映されはじめています。また、大阪市や京都市でも、研究者・NPO 関係者を含む外国人住民たちのための懇話会を開き、毎年、答申がまとめられ、外国人住民の声を市政に反映させようと努めています。米原市などいくつかの自治体では、住民投票への外国人住民の参加を条例で定めています。

私たちは、こうした制度を最大限に有意義なものとするよう努力していくとともに、さらにより本格的な政治参加の道を開いていく必要があるでしょう。なぜなら、文化的マイノリティの声を社会のシステム設計にインプットしていけるばかりでなく、こうしていままで社会のなかで十分に発言できなかった人々の声に耳を傾けていく姿勢を強化することや、外国人住民が自分たちの問題を自分たちによって議論していく場を保障することは、なによりも、文化的マイノリティたちの自尊心、そして、生きる活力の源泉となるにちがいないからです。

3）　戦略その2：NPO・ボランティア団体による日常的支援

もちろん、政治参加の保障は重要ですが、一般に、社会制度の改革とその実質化には長い時間と膨大なエネルギーがかかります。その間にも、外国人住民たちは、生活問題で実際苦しまざるをえません。こうした状況を打開するためには、彼らに対する**日常的な支援活動**を活発化させていくことがぜひとも必要です。

こうしたあらたな課題に立ち向かうNPOやボランティア団体が、近年、日本社会でも、力をつけはじめています。例えば、1996年に設立された「**多文化共生センター**」は、NPOとしてこの分野で活躍している団体として特に注目に値するでしょう。その出発は、1995年阪神淡路大震災後の混乱期に、阪神地域の外国人たちの生活問題が緊急的課題として浮かび上がったことにあったといいます。その後、医療、通訳、子どもの養育・教育など多様な分野で外国人たちの生活支援活動を継続しています。

関西発のNPOとして、もうひとつ注目すべき団体があります。2001年に設立された「**エルファ（京都コリアン生活センター）**」です。在日1世の高齢化が進んでいますが、在日高齢者たちは日本人向けの老人ホームに入所しても、うまく適応できないのです。高齢化とともに、在日高齢者たちは成人になってから獲得した日本語能力を急速に失っていきます。また、日本人向け施設で一般的に歌唱されている童謡や機能回復の手段とされる日本的な遊びは、そもそも、彼ら彼女らにはなじみのないものです。このような理由が重なり、在日高齢者たちは、従来の施設では孤立しがちなため、精神的ストレスを高め、場合によっては痴呆症状を悪化させてしまったりするのです。

こうした在日1世が抱える問題に、在日2・3世たちが立ち上がりました。自

第 18 章 多文化共生社会の実現に向けて

分たちで、在日1世のためのデイケアセンターを作り上げたのです。センターの活動は、現在、在日障害者の生活支援についてもその活動の幅を広げ、地域との文化交流活動や在日1世に対する聞き取り調査の実施など、じつに魅力的な活動を展開しています。

ところで、多文化共生社会の可能性は、異なる民族集団や外国人問題にとどまるものではありません。榎本てる子さんたちが試みている「**バザールカフェ**」は、京都のキリスト教会の敷地内に開店されているカフェですが、例えば、HIV 感染者など、普段、公的な場からは引きこもりがちなさまざまなマイノリティたちが一般の人々とともに自由にカフェで語らうことができるよう開設されたものです。こうした試みも、多文化共生社会へ向けた重要なチャレンジのひとつといえるでしょう。

いま、日本社会は、こうした地道なボランティア活動によって、少しずつではありますが、多文化共生社会に向けて歩みはじめています。私たちは、多文化共生という課題の難しさを十分に理解しながらも、私たちの周囲のこうしたさまざまな努力に注目し、自分自身は、いったい、なにができるのか考えていかねばならないでしょう。

〔小澤 亘〕

読者のための参考図書
田中宏（1995）『在日外国人（新版）——法の壁、心の溝』岩波書店。
　　在日外国人問題の入門書として最適です。日本の問題状況を広く平易に解説しています。
宮島喬編（2000）『外国人市民と政治参加』有信堂。
　　在日外国人の市政参加に関する川崎市の先進的な試みを知るのに参考になります。
外国人地震情報センター編（1996）『多文化共生社会の現実と可能性——阪神大震災と外国人』明石書店。
田村太郎（2001）『多民族共生社会ニッポンとボランティア活動』明石書店。
　　多文化共生センターが生まれた背景やその後の活動について知りたい方は上記2冊を参照してください。
石井米雄・山内昌之編（2000）『日本人と多文化主義』山川出版。
なだいなだ（1992）『民族という名の宗教——人をまとめる原理・排除する原理』岩波書店。
　　多文化共生問題の本質や日本における多文化共生の可能性を考えるためには、上記2冊が入門書として優れています。
庄司博史編著（2004）『多みんぞくニホン——在日外国人のくらし』国立民族学博物館。
　　2004年春に国立民族学博物館が開催した特別展示の際に出版された資料です。在日コリアン・在日中国人・在日フィリピン人など在日外国人の暮らしの実態を知るのに便利です。エスニック・メディアについての最新データを見ることもできます。

第19章
台頭するNPO
――新しい社会福祉の担い手として――

> **キーワード** NPO、住民参加型在宅福祉サービス団体、たすけあいサービス、特定非営利活動促進法

1 NPOとは何だろうか

　新聞を広げると毎日のように「NPO」という単語が載っています。この章では、NPOという日本ではかつてあまり認知されていなかった組織が、実際には、現在どのような役割を果たしているのか、高齢者福祉分野を中心にみていきましょう。

1）定義――その特質と範囲

　NPO とはNon Profit Organizationの略称であり、直訳すれば「非営利組織」です。NPOの定義としては、NPO研究の第一人者ともいえる米国ジョンズ・ホプキンス大学のレスター・サラモン教授のそれが一般的で、以下の5点をキーワードに挙げています（Salamon & Anheier 1994）。①利益の非分配（not profit distributing）、②非政府（nongovernmental）、③フォーマル（formal）、④自己統治（self-governing）、⑤自発的（voluntary）。

　つまり、民間企業は利益を構成員（株主）に分配しますが、NPOは構成員に分配せず、自ら掲げる社会的使命のために、公共的な活動を行っている民間の組織といえるでしょう。

　では、NPOに含まれる組織とは、具体的にどのような団体でしょうか。**図1**にあるように、NPOを広義(A)、狭義(B)、最狭義(C)と3段階にとらえることがで

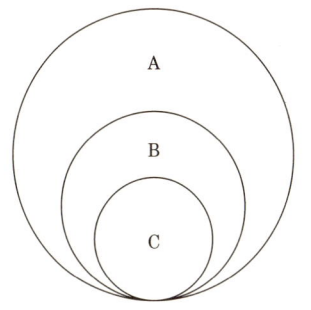

A：医療法人、宗教法人、学校法人、
　　社会福祉法人、財団法人、社団
　　法人等の非営利法人
B：市民活動団体（任意団体を含む）
C：特定非営利活動法人（NPO法人）

図1　NPOに含まれる組織の種類
出所：『国民生活白書（平成12年版）』を筆者が修正。

きますが、この章では特に断りのないかぎり、一般的な定義といえる狭義(B)の**「市民活動団体」**をNPOと定義します。つまり、NPO法人格をもつ組織以外に、法人格をもたない多数の任意団体を含んでいることに注意しましょう。(2)

　医療法人、財団法人、社会福祉法人といった広義(A)と比較すると、これら市民活動団体は一般に小規模です。市民活動団体で活動する人材は、常勤職員ばかりでなく、多数の非常勤職員やボランティアがいるのが特徴といえるでしょう。

2）活動内容

　NPOは本来、市民が自ら関心のある社会的課題を解決するために集まって活動しています。そのため、活動領域は環境、福祉、国際協力、まちづくり、などと多種多様です。

　そして、特に団体数として最も多いのが、次節以降で取り上げる福祉分野のNPOなのです。また、行政組織と異なり、NPOは福祉とまちづくりといった複数の分野で活動することが少なくありません。

2　福祉NPOの登場

1）社会福祉サービスの供給アクター

　地域社会では「障害者福祉」「児童福祉」「高齢者福祉」等、さまざまな分野のニーズが存在します。それでは、社会福祉サービスを供給するアクター（担い手）にはどのようなものがあるでしょうか。以下のように大別できます。

① 行政機関（国および地方公共団体（都道府県、市区町村））
② 準行政機関（一部の社会福祉法人、財団法人等）
③ 福祉 NPO
④ 民間企業

です。日本の福祉サービスは第二次世界大戦後、①②が中心となってきました。②は本来、民間組織であり、広義の NPO（前節参照）です。しかし、20世紀末まで行政から福祉事業の**措置委託**を受けて、行政行為を代行することを主な事業としてきました。

　例えば、社会福祉法人である社会福祉協議会（社協）をみてみましょう。これら組織は各地方公共団体（自治体）から福祉サービス事業の「委託」を受け、同時に措置委託費を受け取っていました。事業の最終責任はあくまで自治体にありますので、社協は自治体から出向職員、「天下り」の事務局長の受入等を行ってきました（岡本栄一 1984：26）。社協は事実上「行政の末端組織」（同：26）として、行政から税制優遇、サービス提供上の独占的地位も与えられ（小野達也 2000：140）、庇護されてきました。

2） 行政による福祉の限界

　上述のように、行政もしくは行政に庇護されたアクターによって提供されてきた社会福祉サービスですが、時間が経つにつれて質量ともにその限界が明らかになってきました。量的な面でみると、これらサービスは税金という限られた「公費」を財源としており、措置費予算の範囲内で行政サービスをコントロールしなければなりませんでした（安立清史 1998：52）。そのため、福祉サービスの利用者を低所得者層など特定の人々に限定していました。しかし、少子高齢化、家族構造の変化、ニーズの多様化等によって、増加する社会の実需要に対応できなくなってきました。

　また質的な面でみれば、これらアクター特有ともいえる**サービスの画一化、形式化**です。20世紀、行政はサービスを行う費用だけでなく内容や提供までも「**国家責任**」として（新藤宗幸 1996参照）、行政および準行政機関以外のサービス提供を許しませんでした。逆にみると、サービス利用者に、サービスの選択肢はありません。福祉サービスは行政による「恩恵的」なものとして、利用者でなく提供

者の都合が優先される形で実施されてきたのです。

例えば、これら行政がホームヘルプサービスを平日の午前9時～17時にしか行わないというのは典型的な事例でした。サービス利用者（家族を含む）の需要は、むしろ夜間、休日に少なくないにもかかわらず、です。また、福祉施設などにみられる隔離化・管理化には、非人間的な側面があるといえるでしょう。

3） 福祉NPOの出現

このような社会的な矛盾のなかで、地域で市民が福祉を自ら作り上げていこう、という兆しが出てきました。

1980年代から大都市を中心に、介護不安や老後不安を直接のきっかけとして（安立 1998：61）、専業主婦を中心とした地域住民が、その地域で生活上の支援を必要とする人に、会員制、低額料金で在宅福祉サービスを提供していくという新しいタイプの活動が始まったのです。これらNPOは「**住民参加型在宅福祉サービス団体**」と名付けられ、全国的にその数は急増していきました。

これらNPOの活動の特徴は、以下のような点でした。

- 「当事者性」の要素をもつ……サービス提供者自身が「自分が利用者ならこういう（質、料金の）サービスを受けたい」という市民同士の相互扶助という側面をもっています。サービス利用者だった人がその後サービス提供者になるケース、その逆のケースも多く存在します。また、サービス提供者も利用者も会員となり、団体の意思決定、サービスに関与するという理念を掲げる団体が多くあります。
- 「有償」である……従来のボランティアは無償が一般的でした。しかし、利用者がサービスに「恩恵的」な意識をもたなくて済むよう、また無償では提供者の負担が重く、継続的、安定的なサービス提供が困難なため、有償のサービスとしました。

こうした特徴を活かして一部のNPOは、さまざまなサービスを展開していきます。彼（女）らの行う**たすけあいサービス**は、当初家事援助（買い物、掃除、洗濯、食事準備等）などの比較的軽度の活動が中心でしたが、利用者の難しい要求にも応じるようになりました。つまり、高齢者の身体介護（食事介護、清拭等）も行うなど重度のそれにも対応していったのです。

従来、こうした重度のサービス需要には、「専門家」のいる行政機関、準行政機関でしか対応できない、と社会も国家も考えていました。ところが、これら専門家でない市民によって結成されたNPOが、利用者のニーズに柔軟に応じて、地域の中で大きく支持を広げていったのです。また、病院への移送、配食サービスなど新しいサービスを次々と始めました。

1996年の厚生省（現：厚生労働省）調査においても、在宅福祉サービスを提供している民間事業所の24％がこれらNPOでした。また、訪問介護、短期入所生活介護（ショートステイ）、日帰り介護（デイサービス）などを行う事業所の50％以上をNPOが占めました。

3 NPO法と介護保険

1） 脆弱な組織基盤

ただし、1990年代までこれら福祉NPOの経営基盤は脆弱でした。

NPOの特徴はその財源の多様性にあるといえます。つまり、企業の財源は「事業収入」であり、行政機関の財源は「税金」です。一方、NPOの財源は会費、事業収入、行政からの補助金、業務委託、寄付金、民間助成財団の助成金とさまざまです。

在宅福祉NPOの主たる収入は、「たすけあいサービス」を行って得られる事業収入でした。しかし、その額は限られていました。つまり、これら団体は通常サービス利用者から1時間700～1,200円という低額料金を徴収していました。このうちの大半を報酬としてサービス提供者（ヘルパー）に支払い、残りの数百円を積み上げて管理費、運営費に当てていましたが、運営に伴う経費をとうてい賄えません。そこで、団体は別の形で資金調達をする必要があります。

しかし資金調達を行って組織基盤を整えるには多くの壁があり、これら団体はその壁を乗り越えるべく努力していきます。

2） NPO法の成立と法人格の取得

1998年、多くのNPO関係者の働きかけがあって、**NPO法**（**特定非営利活動促進法**）が成立し、施行されました。それまで、日本のNPOは法人格をもつこ

とが難しくほとんど任意団体でしたので、活動していくうえでさまざまな社会的な障壁が存在したのです。例えば、団体の事務所を借りたり、常勤職員を雇用したり、あるいは民間助成財団に助成金を申請したり、ということが難しいケースがありました。

しかし、NPO法という書類を整えて所轄庁に申請すれば、法人格の認証を受けられる制度ができました。福祉分野で活動してきたNPOも、前段のような障壁をクリアして組織基盤を整えることも可能となったのです。

3） 介護保険制度の開始と介護保険事業への参入

2000年4月、**介護保険制度**が始まりました。この制度の理念は、行政中心だった高齢者福祉サービスに民間企業だけでなく、NPOや協同組合など非営利セクターが参入することで、(5)効率的に利用者本位のサービスを提供しようとするところにあります。

法人格を取得した一部のNPOは介護保険制度のもとで、「訪問介護」を始めました（法人格をもたなければ介護保険事業を行えません）。このことは以下を意味します。3節1項にあるように低額の収入だった「たすけあいサービス」の一部に介護保険制度が適用されたので、介護報酬として1時間当たり、身体介護サービス4,020円、生活援助サービス2,080円を組織にもたらすようになりました。これによって、NPOの「事業収入」は急増します。

収益源を得たNPOは常勤職員の雇用等で労働条件の改善、研修の充実等を通じて、組織基盤を強化しました。また利用者のニーズに対応して、介護保険枠内の他のサービス（居宅介護支援（ケアプラン作成）、通所介護（デイサービス）等）にも乗り出します。

ただし、こうした介護保険が適用されるサービスは利用者の生活上のニーズの一部分にすぎません。そこで一部のNPOは、介護保険サービスで得た収益を活用して、保険枠外のさまざまなサービスを行っています。特に、グループホーム、デイサービス施設を自ら建設して、保険制度では対応できないサービスを住民に提供し始めているのです。

第Ⅲ部　福祉社会の今後を考える

4　NPOの今後

　前節でみたように、NPOは一定の社会的認知を受けながら、発展してきています。その中で、NPOは単にサービスを行うだけでなく、地方自治体の福祉施策にもいっそう影響を与え始めています。行政とともにNPOが公共政策を立案する時代が、到来しつつあるといえるでしょう。

　このことは私たち市民が行政に一方的に依存するのではなく、市民自ら「公共」を創り出すことを求められているのです。　　　　　　　　〔秋葉　武〕

注
(1)　なお、NPOが職員に給与を支払うことは利益分配に相当しません。「無償」と「利益非分配」では、意味が大きく異なることに留意しましょう。
(2)　なお、市民活動団体の団体数は不明ですが、1996年の経済企画庁（現：内閣府）のデータでは、85,786団体でした（経済企画庁「市民活動団体基本調査」）。なお、NPO法人は17,424団体（2004年6月30日現在）あります。
(3)　同調査では、在宅福祉サービスを提供する民間事業所は全国に3,431あり、そのうち24％が非営利の市民団体でした。
(4)　市町村の身体介護サービスは時間当たり平均約5,000円。民間シルバービジネスの場合、身体介護で時間当たり平均約2,500円、家事援助で約2,000円の経費がかかります（地方自治経営学会 1997）。NPOがいかに低廉な料金でサービスを実施していたかがうかがえます。
(5)　介護保険法案の付帯決議において、「在宅サービスについては、民間企業、農協、生協、シルバーサービス人材センター、ボランティア団体等多様な事業主体の活用が図られるよう配慮すること」とあります（秋葉武 1999参照）。

引用文献
安立清史（1998）『市民福祉の社会学——高齢化・福祉改革・NPO』ハーベスト社。
秋葉武（1999）「在宅福祉サービスと生活協同組合——クライアント側からの問題提起」『協同の発見』(84)。
地方自治経営学会（1997）『高齢者福祉における公立と民間との比較——全国延437自治体、民間203社からの報告とその分析』。
岡本栄一（1984）「今日の社会福祉状況とマンパワーとしてのボランティア問題——その組織化をめぐって」『地域福祉研究』(12)：24-30。
小野達也（2000）「在宅福祉サービスを提供するNPOの組織とマネジメント」立岡浩ほか編『NPO・福祉マネジメントの理論と実践——福祉団体・病院・公益法人・市民事業体・自治体のために』日総研出版。
Salamon, Lester M. & Anheier, Helmut K. (1994) *The Emerging Sector,* Maryland : The Johns

Hopkins University.（＝1996，今田忠監訳『台頭する非営利セクター——12カ国の規模・構成・制度・資金源の現状と展望』ダイヤモンド社。）
新藤宗幸（1996）『福祉行政と官僚制』岩波書店。

読者のための参考図書
渋川智明（2001）『福祉 NPO』岩波書店。
　全国各地で活動している福祉 NPO の事例、その役割を平易に描いています。
パブリックリソース研究会編（2002）『パブリックリソース ハンドブック——市民社会を拓く資源ガイド』ぎょうせい。
　NPO にとって重要な資金等の経営資源に着目して、網羅的に情報提供を行うとともに、新しい市民社会のあり方を提示しています。

あとがき

　本書は、高校を卒業したぐらいの若者を読者に想定した入門書です。大学の教員が、入学したばかりの人たちに語りかけるという気持ちで書きました。読みやすかったでしょうか。きびしく批判ください。
　本書は、人間がより人間らしく生きられる社会、福祉社会を築く若い担い手への入門書として企画編集しました。想定している読者は、人間がより人間らしく生きるために、それを目的とする未来の福祉の担い手だけではありません。例えば、おもちゃの会社で働きたいと考えている人も、売るときには、開発するときには、子どもと母親の楽しいふれあいを描いていると思います。住民や国民がより人間らしく生きられるように、いろんな分野で貢献しようとしている人たちも、読者に想定しています。福祉社会とはどんなものなのか、どのような人たちが担い手なのか、イメージをもてたでしょうか。
　本書は、人間がより人間らしく生きることが損なわれている現実を、いろいろな取り上げ方で語っています。例えば高齢者や児童、障害者など、どのような人たちが、と取り上げているものもあります。さらに非行、健康、虐待など、どのような問題として表れているのか、と取り上げているものもあります。また家族、学校、地域など、どこで問題が表れているのか、と取り上げているものもあります。興味や関心のある章から読みはじめてよいでしょう。でも例えば同じ子どもが別の章でも出てきているはずです。比べてみてどうだったでしょうか。
　本書は、人間がより人間らしく生きることが損なわれている問題を、どのように考えたら解決方法や方向が見いだせるのか、いろいろな考え方で語られています。例えば、どれだけ、どのように非人間的なのか、と考えていくもの。今までの歴史はそれをどのように見てきたのか、と考えるもの。今までの学問はそれをどこまで解き明かしてきたのか、と考えるもの。問題の原因や発生の仕組みは何なのか、と考えていくもの。そうなってしまった現実をかえていく方法は、と考えていくもの。現実を変えていく推進者や組織とは、と考えていくもの。同じことが他の国では、と国際的に考えていくもの。未来のあるべき社会を描いて現実を見てみたら、と考えていくもの、などなどです。どれがよい、これはおかしい、

あとがき

ではないと思います。いろいろなアプローチの仕方があるのだ、と思えたでしょうか。そしてこれでやってみたい、というものを見つけることを期待しています。

　さいごに、忙しいなか快く原稿を寄せていただいた立命館大学産業社会学部人間福祉学科の先生方、どうもありがとうございます。出版を引き受けていただいたミネルヴァ書房の杉田啓三社長、多数の執筆者のためにご苦労をかけました編集部の五十嵐靖さん、どうもありがとうございます。

　2005年1月20日

編者　峰　島　　厚

索　引

あ行

IT（情報技術）　118
朝日訴訟　14-16, 55
アシスティブ・テクノロジー　124
アルコール関連精神障害　112
アルツハイマー病　111
家制度　47
依存症　112
逸脱行動　95
糸賀一雄　153, 155
インクルーシブな社会　155
エスピン-アンデルセン，G.　159
NPO　172, 174
　　──の財源　178
NPO法（特定非営利活動促進法）　178
エンゲル係数　7
エンパワメント　124
緒方貞子　155
親亡き後　107
親の会　81
親への援助　89
オランダの子育て支援政策　161

か行

外因性精神障害　111
外国人労働者　165
介護保険制度　145, 179
介護問題　34, 59
核家族化　48
覚せい剤精神病　112
隔離思想　102
家族機能　44
　　──の外部化　49
家族構成の変化　23
家族ストレス　96
家族という関係性　97
価値と倫理　129
学校恐怖症　75

学校嫌い　75
学校病理説　76
家庭裁判所　73
家庭内暴力　92, 95
カナー，L.　149
関係性　25-27, 29
完全失業率　36
企業の育児支援　162
基本的人権　11
基本的信頼　44
虐待（アビューズ）　84, 95
QOL　6
凶悪事件　72
共生社会　6
競争原理　79
競争社会から福祉社会へ　145
共同体　4
虞犯少年　68
ケアリング　97
ケイ，E. K. S.　148
刑事未成年　68
刑法　67
契約型福祉社会　18
契約利用制度　19
血管性認知症（血管性痴呆）　111
健康　32, 109
健康格差　39
健康状態の自己評価　38
現代的貧困　4
現代の生活困難　143
公共　180
公共的営み　158
合計特殊出生率　2, 3
「高速道路」化　78
公的責任　145
広汎性発達障害　114
高齢期の生活格差　61
高齢者NPO　163
高齢者虐待　50

索　引

高齢者世帯の所得金額　61, 62
高齢者の孤立　60, 61
高齢者の生活後退　63
高齢者の生活問題　58, 59
こころの健康　109
個人情報保護　125
個人の系の発達　154
子育て支援　157
　　——の国際比較　159
子育ての公共性　157
子育てのジェンダー・バイアス　158
国家責任　176
子ども虐待　84
子どもの権利条約（児童の権利に関する条約）
　　14
コロニー　101

さ行 ─────────

サービスの画一化、形式化　176
罪刑法定主義　67
在日外国人問題　165
3K 職場　166
三間の貧困　5
ジェネレーション（世代）　98
ジェンダーの視点　98
自我未成熟説　76
自己回復力　81
自己決定　104
自己肯定感　81
自己実現　153-155
自己像脅威説　76
自己の同一性　116
私事化　76
市場化・営利化　146
市場原理　145
施設解体　103
施設収容主義　102
施設内虐待　100
自然権　152
失業　36
児童買春、児童ポルノに係る行為等の処罰及び児童の保護等に関する法律　93
児童虐待の防止等に関する法律　85, 87, 93
児童権利宣言　150

児童相談所　88
児童の権利に関するジュネーヴ宣言　150
『児童の世紀』　148, 149, 153
児童福祉司　88
ジニ係数　41
司法福祉　65
市民活動団体　175
社会疫学　37
社会化　45
社会階層　40
社会権　11, 12, 152
社会的存在　44
社会的排除　63
社会発展の系の進歩　154
社会病理現象　95
社会福祉　8, 9, 12, 13, 16
社会福祉基礎構造改革　18, 145
社会福祉士　128
社会福祉実践　127
社会福祉の権利　11, 13, 17
社会民主主義的レジーム　159
社会問題　13, 54, 55
自由権　152
自由主義的レジーム　159
終生保護　101
集団形成のメカニズム　168
集団の系の発展　154
住民参加型在宅福祉サービス団体　177
出生数　2
少子化　2, 158
少子高齢社会　138
症状性精神病　112
少年法　66
情報化　119
　　福祉を支える——　123
　　福祉を拡げる——　123
情報社会　118
情報弱者　124
情報の活用　120
情報の提供　123
情報のバリアフリー化　125
触法少年　67
所得　39
所得格差　41

185

ジョンソン、A. M.　75
自立　105
自立生活運動　106
心因性精神障害　113
人格障害　114
人格発達　153, 155
神経症　113
人権の系統樹　151, 152
人口置換水準　3
身体的虐待　84
親密圏　92
信頼関係　41
心理的虐待　84
スウェーデンの子育て支援政策　159
ストーカー行為等の規制等に関する法律　93
生活水準　6
生活の困窮　33
生活場面からみた精神保健　115
生活保護　33
生活問題　54, 56
　　──の潜在化　63
政治参加の保障　171
生殖家族　44
精神障害　110
精神遅滞（知的障害）　114
精神保健　110
精神保健福祉士　128
生存権　12, 14
性的虐待　84
生理的早産　45
セン、アマルティア　155
躁うつ病（気分障害）　113
相互依存性　24
相克性　51
喪失体験　116
相乗性　46
ソーシャル・アクション　56
ソーシャルワーカー　127
　　──に必要な技術　131
　　──の役割　132
　　──の倫理綱領　130
ソーシャルワーク　127
　　──のプロセス　133
ソーシャルワーク実践に必要な知識　130

ソーシャルワーク専門職の普遍的価値　129
措置委託　176

た行

第一次・第二次・第三次予防　110
第三世代の人権　152
たすけあいサービス　177
脱施設化　101, 103
田中昌人　153
多文化共生社会　169, 170
多文化共生問題　165, 167
多文化主義　169
　　──のジレンマ　169
地域社会と住民生活　139
地域生活への移行　103
地域ネットワークづくり　91
地域福祉　22, 29
地域福祉計画　146
中毒性精神障害　112
定位家族　44
デイケア保育　160
てんかん　114
同化主義　169
登校拒否　75
統合失調症（精神分裂病）　112
当事者性　26, 27, 29, 177
都市型社会　139, 141, 142
都市的生活様式　143
ドメスティック・バイオレンス　94

な行

内因性精神障害　112
ニィリエ、B.　104
日常的支援　172
日本型福祉社会　52
日本国憲法第13条　19
日本国憲法第25条　7, 12, 14-16
日本子どもの虐待防止研究会　87
人間の安全保障　154, 155
認知症　111
ネグレクト　84
ネットワーク　30, 63, 91, 124
年代からみた精神保健　115
脳器質性精神障害　111

索　引

農村型社会　139
能力主義競争　5, 78
ノーマライゼーション　103
野宿生活者　35

は行 ─────────

パートタイム労働　161
配偶者からの暴力の防止及び被害者の保護に関する法律　94
ハイリスク家族の特徴　87
発達権　154
発達障害　114
発達（発展）の権利宣言　154
発達保障　148, 153
　　──の世紀　155
バンク-ミケルセン、N. E.　103
犯罪少年　67
反施設主義　104
被害者の支援　74
非行　65
　　──の一般化　72
　　──の三つのピーク　72
病識　113
貧困　4, 32, 40
ファミリー・フレンドリー政策　163
福祉 NPO　175
福祉国家　159
福祉社会　9, 146
福祉情報　120
福祉情報化　119, 122
福祉ニーズ　32
不健康　32

不適切な処遇（マルトリートメント）　95
不登校　75
プログラム規定説　16
文化の継承　6
文化摩擦問題　167
分離不安説　75
防衛機制　114
ホームレス　35
保守主義的レジーム　159
ボランティア活動（団体）　26, 30, 172
堀木訴訟　15

ま・や行 ─────────

見えない文化　168
役割逆転　90
有償　177
優生思想　102
「豊かさ」論　7
養育拒否（ネグレクト）　95
予防　110

ら・わ行 ─────────

ライフサイクル　60
臨床社会学　92, 98
劣等処遇観　102
連携　41, 135
連帯の権利　152
老人虐待　95
労働力人口　166
WAM NET　123
われわれ意識　168

〈著者紹介〉（執筆順）

加藤　直樹（かとう・なおき　編者、第1章執筆）
1969年、京都大学大学院文学研究科心理学専攻博士課程満期退学。立命館大学名誉教授。専門領域、発達心理学、社会福祉学。主著、『少年期の壁をこえる──9、10歳の節を大切に』（単著）新日本出版社、1987年。『障害者の自立と発達保障』（単著）全国障害者問題研究会出版部、1997年。

山本　隆（やまもと・たかし　編者、第2章執筆）
1999年、岡山大学大学院博士課程文化科学研究科修了（学術博士）。現在、関西学院大学人間福祉学部教授。専門領域、福祉の制度政策および行財政論。主著、『福祉行財政論──国と地方からみた福祉の制度・政策』（単著）中央法規出版、2002年。『イギリスの福祉行財政──政府間関係の視点』（単著）法律文化社、2003年。

津止　正敏（つどめ・まさとし　第3章執筆）
1994年、立命館大学大学院社会学研究科応用社会学専攻修士課程修了。現在、立命館大学産業社会学部教授。専門領域、地域福祉、社会福祉、ボランティア社会学。主著、『子育てサークル共同のチカラ』（共編著）文理閣、2003年。『障害児の放課後白書』（共編著）クリエイツかもがわ、2004年。

松田　亮三（まつだ・りょうぞう　第4章執筆）
2002年、ロンドン大学修士（健康政策・計画・財政）。現在、立命館大学産業社会学部教授。博士（医学）。医師。専門領域、保健・医療政策、地域健康開発。主著、「健康・医療における公平とは何か」『医療ソーシャル・ワーク』（52）、2003年。『健康づくりと社会環境』（共編著）法律文化社、1999年。

高橋　正人（たかはし・まさと　第5章執筆）
1985年、駒澤大学大学院人文科学研究科社会学専攻博士課程後期満期退学。元・立命館大学産業社会学部教授。文学修士。専門領域、老年社会学、老人福祉論。主著、『わかりやすい家族関係学』（共著）ミネルヴァ書房、1996年。『新・人間性の危機と再生』（共著）法律文化社、2001年。

小川　栄二（おがわ・えいじ　第6章執筆）
1978年、東京都立大学経済学部卒業。現在、立命館大学産業社会学部教授。専門領域、ホームヘルプ論、ケアマネジメント論。主著、『ホームヘルプの公的責任を考える』（共著）あけび書房、1998年。『自治体は高齢者介護にどう責任を持つのか』（共著）萌文社、2002年。

野田　正人（のだ・まさと　第7章執筆）
1978年、花園大学文学部社会福祉学科卒業。最高裁判所家庭裁判所調査官研修所養成部修了。現在、立命館大学産業社会学部教授。社会福祉士。臨床心理士。専門領域、司法福祉論、児童福祉論。主著、『司法福祉の焦点』（共編著）ミネルヴァ書房、1994年。『子どもの権利と社会的子育て』（共編著）信山社、2002年。

高垣忠一郎（たかがき・ちゅういちろう　第8章執筆）
1973年、京都大学大学院教育学研究科博士課程後期満期退学。現在、京都教育センター代表。臨床心理士。専門領域、カウンセリング論。主著、『ゆれて戻りつ思春期の峠』（単著）新日本出版社、1991年。『登校拒否・不登校をめぐって──発達の危機、その〈治療〉と教育』（単著）青木書店、1991年。

櫻谷真理子（さくらだに・まりこ　第9章執筆）
1974年、大阪市立大学大学院家政学研究科修士課程修了。現在、立命館大学産業社会学部教授。専門領域、ライフサイクル論、家族関係論。主著、『子育て支援の現在』（共編著）ミネルヴァ書房、2002年。『事例でわかる保育と心理』（共著）朱鷺書房、2002年。

中村　正（なかむら・ただし　第10章執筆）
1989年、立命館大学大学院社会学研究科応用社会学専攻博士課程後期課程満期退学。現在、立命館大学教授。専門領域、臨床社会学、社会病理学。主著、『ドメスティック・バイオレンスと家族の病理』（単著）作品社、2002年。『家族の暴力を乗り越える』（共著）かもがわ出版、2003年。

峰島　　厚（みねしま・あつし　編者、第11章執筆）
1979年、東京都立大学大学院人文科学研究科教育学専攻博士課程満期退学。現在、立命館大学産業社会学部特別任用教授。専門領域、障害者福祉論。主著、『転換期の障害者福祉』（単著）全国障害者問題研究会出版部、2001年。『希望のもてる脱施設化を』（単著）かもがわ出版、2003年。

大山　博史（おおやま・ひろふみ　第12章執筆）
1990年、弘前大学大学院医学研究科卒。現在、青森県立保健大学健康科学部教授。医学博士。専門領域、精神医学。主著、『医療・保健・福祉の連携による高齢者自殺予防マニュアル』（編著）診断と治療社、2003年。『高齢者支援のための精神医学』（共編著）診断と治療社、2004年。

生田　正幸（いくた・まさゆき　第13章執筆）
1983年、佛教大学大学院社会学研究科社会学・社会福祉学専攻博士後期課程満期退学。現在、関西学院大学人間福祉学部教授。専門領域、社会福祉情報論。主著、『社会福祉情報論へのアプローチ』（単著）ミネルヴァ書房、1999年。『福祉情報化入門』（共著）有斐閣、1997年。

岡田　まり（おかだ・まり　第14章執筆）
1996年、コロンビア大学教育学大学院健康栄養教育学研究科健康教育学専攻博士後期課程修了。現在、立命館大学産業社会学部教授。教育学博士。専門領域、ソーシャルワーク（社会福祉援助技術論）、ヘルスプロモーション。主著、『ソーシャルワーク実習』（共編著）有斐閣、2002年。『社会福祉の方法と実際 改訂版』（共著）ミネルヴァ書房、2002年。

中川　勝雄（なかがわ・かつお　第15章執筆）
1970年、北海道大学大学院文学研究科社会学専攻修士課程修了。立命館大学名誉教授。専門領域、地域社会論。主著、『巨大企業体制と労働者』（共著）御茶の水書房、1985年。『転換期の社会と人間』（共著）法律文化社、1996年。

荒木　穂積（あらき・ほづみ　第16章執筆）
1978年、京都大学大学院教育学研究科教育方法学（教育心理学）専攻博士課程中途退学。現在、立命館大学産業社会学部教授。専門領域、発達心理学、発達保障論、発達障害論。主著『発達診断と障害児教育』（共編著）青木書店、1989年。『自閉症児の発達と指導』（共著）全国障害者問題研究会出版部、2001年。

前田　信彦（まえだ・のぶひこ　第17章執筆）
1992年、上智大学大学院文学研究科社会学専攻博士後期課程満期退学。現在、立命館大学産業社会学部教授。博士（社会学）。専門領域、福祉社会学、比較福祉研究。主著、『仕事と家庭生活の調和――日本・オランダ・アメリカの国際比較』（単著）日本労働研究機構、2000年。『家庭と職業――競合と調整』（共著）ミネルヴァ書房、2002年。

小澤　亘（おざわ・わたる　第18章執筆）
1991年、一橋大学大学院社会学研究科社会学専攻博士課程後期満期退学。現在、立命館大学産業社会学部教授。専門領域、文化社会学・思想研究。主著、『「ボランティア」の文化社会学』（編著）世界思想社、2001年。クリストファー・ピアソン『曲がり角にきた福祉国家』（共訳）未来社、1996年。

秋葉　武（あきば・たけし　第19章執筆）
1999年、明治大学大学院政治経済研究科経済学専攻博士後期課程満期退学。現在、立命館大学産業社会学部教授。修士（経済学）。専門領域、NPO・NGO論、社会的企業論。主論文、「非営利組織（NPO）の組織間協働」日本経営診断学会編『経営診断の社会性を考える――資源・環境を意識して』（日本経営診断学会論集3巻）同文館、2003年。「新たな生協モデルの模索――エルコープの組合員活動およびNPO支援を事例として」中村陽一＋21世紀コープ研究センター編『21世紀型生協論――生協インフラの社会的活用とその未来』日本評論社、2004年。

MINERVA 福祉ライブラリー⑰
人間らしく生きる福祉学
──はじめて学ぶ人の社会福祉入門──

2005年4月1日	初版第1刷発行	〈検印省略〉
2015年2月10日	初版第6刷発行	

定価はカバーに表示しています

編著者	加峰山	藤島本	直	樹厚隆
			啓	
発行者	杉田		啓	三
印刷者	坂本		喜	杏

発行所　株式会社　ミネルヴァ書房
607-8494 京都市山科区日ノ岡堤谷町1
電話 (075) 581-5191／振替 01020-0-8076

©加藤直樹ほか, 2005　冨山房インターナショナル・酒本製本

ISBN978-4-623-04301-9
Printed in Japan

●MINERVA 福祉ライブラリー・A5判美装カバー

バーバラ・メレディス著
コミュニティケアハンドブック
杉岡直人・平岡公一・吉原雅昭訳

アーサー・グールド著
福祉国家はどこへいくのか
高島進・二文字理明・山根祥雄訳

地域福祉社会学
金子勇著

教育と福祉のための子ども観
増山均著

アラン・ウォーカー著
ヨーロッパの高齢化と福祉改革
渡辺雅男・渡辺景子訳

ステファン・ローズ編
ケースマネージメントと社会福祉
白澤政和・渡部律子・岡田進一監訳

ピーター・デカルマー他編著
高齢者虐待
田端光美・杉岡直人監訳

スウェーデン・超高齢社会への試み
ビヤネール多美子著

援助を深める事例研究の方法
岩間伸之著

アードマン・B・パルモア著
高齢期をいきる高齢期をたのしむ
浅野仁監修／奥西栄介・孫良訳

福祉国家への視座
大山博・炭谷茂・武川正吾・平岡公一編著

介護実習への挑戦
泉順編著

G・エスピン-アンデルセン著
福祉資本主義の三つの世界
岡沢憲芙・宮本太郎監訳

子育て支援の現在
垣内国光・櫻谷真理子編著

日本の住まい 変わる家族
袖井孝子著

IT時代の介護ビジネス
森本佳樹監修／介護IT研究会編

介護財政の国際的展開
舟場正富・齋藤香里著

社会福祉への招待
岡本栄一・澤田清方編著

介護職の健康管理
車谷典男・徳永力雄編著

介護実習教育への提言
泉順編著

医療・福祉の市場化と高齢者問題
山路克文著

イギリスの社会福祉と政策研究
平岡公一著

介護系NPOの最前線
田中尚輝・浅川澄一・安立清史著

社会福祉の思想と歴史
朴光駿著

少子化社会の家族と福祉
袖井孝子編著

入門 社会福祉の法制度
蟻塚昌克著

ミネルヴァ書房
http://www.minervashobo.co.jp/